As duas pontas da literatura:
crítica e criação em Machado de Assis

As duas pontas da literatura:
crítica e criação em Machado de Assis

Andréa Sirihal Werkema

© Relicário Edições
© Andréa Sirihal Werkema

Dados Internacionais de Catalogação na Publicação (CIP) de acordo com ISBD

W488d

    Werkema, Andréa Sirihal
    As duas pontas da literatura: crítica e criação em Machado de Assis / Andréa Sirihal Werkema. – Belo Horizonte, MG : Relicário, 2019.

    148 p. ; 14cm x 21cm.
    Inclui bibliografia e índice.
    ISBN: 978-65-5090-004-5

    1. Literatura brasileira. 2. Teoria e crítica literária. 3. Machado de Assis. 4. Século XIX. I. Título.

2019-1927
    CDD 869.909
    CDU 821.134.3(81).09

Elaborado por Vagner Rodolfo da Silva – CRB-8/9410

CONSELHO EDITORIAL

Eduardo Horta Nassif Veras (UFTM)
Ernani Chaves (UFPA)
Guilherme Paoliello (UFOP)
Gustavo Silveira Ribeiro (UFMG)
Luiz Rohden (UNISINOS)
Marco Aurélio Werle (USP)
Markus Schäffauer (Universität Hamburg)
Patrícia Lavelle (PUC-RIO)
Pedro Süssekind (UFF)
Ricardo Barbosa (UERJ)
Romero Freitas (UFOP)
Virginia Figueiredo (UFMG)

COORDENAÇÃO EDITORIAL Maíra Nassif Passos
DIAGRAMAÇÃO Kátia Regina Silva
CAPA Caroline Gischewski
REVISÃO Lucas Morais

RELICÁRIO EDIÇÕES
Rua Machado, 155, casa 1, Colégio Batista | Belo Horizonte, MG, 31110-080
relicarioedicoes.com | contato@relicarioedicoes.com

7	Nota preliminar
11	Apresentação
15	Machado de Assis leitor dos românticos brasileiros
31	Estratégias de leitura da tradição literária brasileira na crítica de Machado de Assis
43	A formação de um cânone para o século XIX brasileiro: a força de Machado de Assis
59	Tolerância e universalismo na crítica literária de Machado de Assis
69	O falso Romantismo dos primeiros romances de Machado de Assis
85	O vinho amargo do romance brasileiro moderno: exame dos prólogos de *Memórias póstumas de Brás Cubas*
99	Sobre a "forma livre" no romance de Machado de Assis
115	Forma inexata: Roberto Schwarz lê o romance de José de Alencar
131	Um romance para José de Alencar
145	Sobre a autora

Nota preliminar

Este livro reúne artigos escritos ao longo de alguns anos – de 2008 a 2016, em termos mais específicos. Vários deles foram retomados e publicados em periódicos diferentes; outros viraram capítulos de livros diversos. O que justifica, ainda agora, a sua reunião em livro é a temática machadiana que os atravessa e fundamenta. Mesmo os dois capítulos sobre o romance de José de Alencar que integram esta coletânea não são exceção: de maneira bastante óbvia, localizam, no antecessor e/ou contemporâneo romântico de Machado, um marco literário no Brasil e seus desdobramentos possíveis no autor de *Brás Cubas*. Discute-se a formação de um romancista? Talvez. Não caiamos na armadilha de imaginar um Machado de Assis nascido pronto, cânone. Mas deixemo-nos impressionar, sim, pela obra que deixou, e que é só o que importa afinal. O livro que aqui se apresenta convida a alongar um pouco mais o debate sobre Machado de Assis, crítico, leitor, autor. Desde já, peço desculpas pelas eventuais redundâncias e repetições que são quase inevitáveis em obra que gira em torno de um mesmo assunto.

Eu indico a primeira publicação de cada um dos artigos, notando que as versões constantes no presente livro apresentam diferenças que vão de ligeiras a médias de seus originais:

1. Machado de Assis leitor dos românticos brasileiros – *Teresa*: revista de literatura brasileira. Universidade de São Paulo, n. 12-13. São Paulo: Ed. 34, 2013.
2. Estratégias de leitura da tradição literária brasileira na crítica de Machado de Assis – *Machado de Assis em linha*. vol. 5, no.9. Rio de Janeiro, Jan./Jun. 2012.
3. A formação de um cânone para o século XIX brasileiro: a força de Machado de Assis – *Revista Caletroscópio*. Volume 3, n. 4, Jan./Jun. 2015. Mariana: UFOP, 2015.
4. Tolerância e universalismo na crítica literária de Machado de Assis – Chiara e Rocha. *Literatura brasileira em foco VI*: em torno dos realismos. Rio de Janeiro: Casa Doze, 2015.
5. O falso Romantismo dos primeiros romances de Machado de Assis. Werkema, Soares e Araújo. *Variações sobre o romance*. Rio de Janeiro: Edições Makunaima, 2016.
6. O vinho amargo do romance brasileiro moderno: exame dos prólogos de *Memórias póstumas de Brás Cubas* – Werkema, Oliveira e Soares. *Figurações do real*. Belo Horizonte: Relicário Edições, 2017.
7. Sobre a "forma livre" no romance de Machado de Assis. Pereira, Sales e Arendt. *História da literatura em perspectiva*. São Paulo: Editora Mackenzie, 2018.
8. Forma inexata: Roberto Schwarz lê o romance de José de Alencar – *Eutomia*. Revista de Literatura e Linguística. Recife, v. 1, n. 13, Jul. 2014.
9. Um romance para José de Alencar. Inédito.

Este livro só existe devido ao custeio da FAPERJ, deve tudo à universidade e aos órgãos de pesquisa públicos brasileiros e espero que seja usado por pesquisadores brasileiros.

Aproveito o espaço para agradecer à Capes, lá bem no início da escrita, por uma bolsa PRODOC, que foi fundamental para o começo da conversa. Aos colegas e amigos da Faculdade de Letras da UFMG, de onde eu vim, e aos colegas atuais do Instituto de Letras da UERJ, onde estou, agradeço pelas oportunidades e pela presença. Aos amigos todos do grupo de discussão sobre o romance, que me ouviram tanto falar sobre Machado, agradeço pelo diálogo sempre renovado. A todos os meus alunos durante esses anos, ouvintes e questionadores, muito obrigada. Agradeço ainda ao colega Roberto Acízelo de Souza pela primeira leitura e pelas sugestões, e à grande amiga Juliana Gambogi pela parceria e pelas conversas longas sobre o século XIX.

Apresentação

Ninguém desconhece a extensão e a qualidade da fortuna crítica de Machado de Assis, decorrência, naturalmente, do vigor de sua obra, especialmente na vertente da ficção, mas também na da crítica literária. Por isso, quem se dispõe fazer desse autor objeto de estudo corre sempre o risco da redundância, tão amplamente vêm sendo explorados os muitos aspectos de seu legado de escritor. Os ensaios reunidos neste *As duas pontas da literatura: crítica e criação em Machado de Assis*, contudo, esquivam-se com mestria de chover nesse molhado, constituindo contribuição de real interesse para os estudos machadianos.

Trata-se de um conjunto heterogêneo de textos, convergentes, porém, num *insight* que lhes é comum: a percepção de que o projeto intelectual do autor de *Dom Casmurro* se orienta por um fim evidente, que é atar as duas pontas da literatura: crítica e criação. Embora não se trate de percepção propriamente nova, o fato é que essas duas instâncias do campo literário foram inicialmente tomadas como momentos sucessivos da obra de Machado, que teria abandonado a crítica como tal numa certa fase de sua carreira, para retomá-la depois, a partir de *Memórias póstumas de Brás Cubas*, mas como exercício imanente à própria elaboração ficcional. Estudos posteriores, no entanto, derivaram para a demonstração de certa reversibilidade entre o módulo crítico e o módulo ficcional da obra machadiana, pondo em relevo que, mais do que restaurar na literatura (adolescência?) a crítica (velhice?), todo o trabalho de Machado de Assis, visto retrospectivamente no seu conjunto, aponta, ao fim e ao cabo, não para uma relação de contiguidade entre sua militância crítica e sua prática ficcional, mas para o caráter de interimplicação entre essas duas faces de sua atividade intelectual.

É nesse ramal dos estudos machadianos que se inscreve o livro que ora se apresenta para nossa leitura. Não se trata de uma monografia que se proponha defender dedutivamente uma tese, mas de uma série de aproximações graduais constituída por nove ensaios autônomos que, complementando-se, acabam por evidenciar a ideia-chave que os atravessa: a constatação, na obra de Machado de Assis, da existência de uma busca recíproca entre a crítica e a ficção.

Assinale-se, por fim, certos traços que conferem ao texto da autora um colorido pessoal no âmbito da crítica literária produzida atualmente em nossas universidades. Nesse sentido, destacaria, em primeiro lugar, a opção por dispensar uma exposição teórica prévia, preterida pelo método de deixar emergir os fundamentos de sua reflexão por meio dos próprios casos particulares que analisa. Realçaria, por outro lado, sua escolha do discurso em primeira pessoa, praxe – é verdade – hoje mais ou menos liberada nos protocolos acadêmicos, mas efetivamente apropriada como correlato formal de um pensamento próprio, diferentemente do que ocorre com frequência, e que torna a dicção em primeira pessoa apenas um simulacro gramatical de autonomia intelectual. Cabe ainda ressaltar a prática saudável de arrematar os ensaios não com conclusões fechadas, mas com boas perguntas que sugerem pesquisas futuras, acentuando-se assim o caráter intersubjetivo e dialógico dos estudos literários, afinal uma extensa rede de metacomentários acerca dos seus objetos.

Roberto Acízelo de Souza
Rio de Janeiro, julho de 2019.

Machado de Assis leitor dos românticos brasileiros

Em 1866, ao final de sua resenha crítica sobre *Iracema*, escreve Machado de Assis (1997, p. 852): "Tal é o livro do Sr. José de Alencar, fruto do estudo, e da meditação, escrito com sentimento e consciência."[1] Tais linhas servem à perfeição como mote para o que se quer tratar neste texto – "estudo", "meditação", "sentimento" e "consciência" seriam as balizas da leitura crítica feita por Machado de Assis dos autores românticos brasileiros.

Peço licença, porém, para adiantar um pouco o relógio e ir a 1873 e 1879, anos de publicação, respectivamente, dos célebres ensaios "Notícia da atual literatura brasileira – Instinto de nacionalidade" e "A nova geração". Sim, porque nestes ensaios, escritos na década em que se findava o Romantismo entre nós, podemos apreender com mais clareza o balanço que faz Machado do movimento de que foi contemporâneo e ao qual sobreviveu. Nas palavras de João Alexandre Barbosa (1998, p. 215):

---

1. Publicado originalmente no *Diário do Rio de Janeiro* no dia 23 de janeiro de 1866.

[...] os dois ensaios machadianos se singularizam pelo modo como buscam, por um lado, ler o passado literário brasileiro, fixando um elemento de articulação que dá resistência teórica a suas observações de ordem histórica e, por outro, a acuidade propriamente literária, e até mesmo técnica, com que lê a poesia pós-romântica de seu momento, tal como era cultivada por jovens escritores.

Em "Instinto de nacionalidade", a questão mais que central na literatura brasileira, ou seja, a da identificação de um índice diferenciador para a mesma, recebe contribuição inegável na formulação de que "o que se deve exigir do escritor antes de tudo, é certo sentimento íntimo, que o torne homem do seu tempo e do seu país, ainda quando trate de assuntos remotos no tempo e no espaço" (Assis, 1997, p. 804).[2] A transformação do sentimento nacional em *forma*, no lugar de uma *substância* estanque, já foi apontada por Luiz Costa Lima (1989, p. 148), entre outros, e implica a aceitação de que ser nacional em literatura é algo que muda ao longo do tempo e que não se deixa apreender nas delimitações artificiais forjadas entre as escolas literárias: "Nesse sentido, um dos pontos mais altos da crítica machadiana são as considerações que ele faz sobre as relações do escritor com o momento, com a escola ou o estilo literário predominante, ao mesmo tempo que se colocam em evidência as ligações da obra de arte com a vida" (Castello, 2008, p. 32). Não se trata, evidentemente, de atrelar um escritor a um estilo literário; ao contrário, revelar os vínculos de um autor com o momento em que escreve dá a Machado uma visão refinada do alcance da obra em questão, de seus

---

2. Notícia da atual literatura brasileira – Instinto de nacionalidade. Publicado originalmente na Revista *Novo Mundo* em 1873.

limites e de suas realizações. Mais do que isso, no entanto, o texto de Machado separa de forma radical a questão da nacionalidade em literatura da literatura propriamente dita: "Não há dúvida que uma literatura, sobretudo uma literatura nascente, deve principalmente alimentar-se dos assuntos que lhe oferece a sua região; mas não estabeleçamos doutrinas tão absolutas que a empobreçam" (Assis, 1997, p. 804). Ora, separar as duas instâncias revela um olhar muito particular sobre o movimento romântico brasileiro, que sabidamente pautou-se pela ancoragem em um projeto de fundação nacional. Ou não? Teria Machado de Assis enxergado em obras de alguns de nossos autores românticos outra opção de projeto literário para além do "senso de dever patriótico, que levava os escritores não apenas a cantar a sua terra, mas a considerar as suas obras como contribuição ao progresso" (Candido, 1993, p. 12)? Teria Machado de Assis um projeto próprio, crítico e literário, que recusava o "empobrecimento" decorrente de uma leitura unívoca da produção nacional? Tal suposição traria consigo a necessidade de redimensionar o tão decantado projeto romântico de criação da literatura nacional com vistas à reinserção da obra de Machado de Assis na literatura brasileira. Se isso não cabe neste tão rápido comentário, seria, no entanto, interessante guardar a noção de que o Machado crítico literário sabe-se herdeiro de uma tradição crítica começada no Romantismo brasileiro. O ensaio "Instinto de nacionalidade" atesta, já em 1873, a preocupação em revisar, sistematicamente, a contribuição e as ressonâncias do movimento romântico na formação da literatura brasileira. É por isso que Antonio Candido (1993, p. 327), em sua obra já clássica, lançará mão do texto machadiano para fechar suas considerações acerca do "processo por meio do qual os brasileiros tomaram consciência de sua existência espiritual e social através da literatura", pois o ensaio de Machado exprime "o ponto de maturidade da crítica romântica; a consciência real que o Romantismo adquiriu de seu significado histórico" (*ibid.*, p. 327). Anote-se, por enquanto, que este célebre ensaio não conclui nenhuma das discussões que incita: o "instinto de nacionalidade" aí caracterizado é uma "busca"[3] permanente da literatura brasileira, e não um objetivo. O que nos leva de volta a uma visão móvel do mesmo "instinto", enquanto *forma*, "variável, reajustável com a posição do que fala, deixando de se confundir com um modo de ser constante, originado de raízes eternas", ainda nas palavras de Costa Lima (1989, p. 148). Para o exame da leitura machadiana dos autores românticos brasileiros, um deslocamento da questão nacionalista em literatura passa a ser preciosa: faz-se possível o estabelecimento de uma linha evolutiva no pensamento crítico de Machado, a partir de seu interesse pelo Romantismo.

Assim, também no ensaio de 1879, "A nova geração", Machado volta a olhar para o Romantismo brasileiro como um movimento literário que finda, mas que vem a ser precursor do momento literário que o crítico analisa, e que lhe é contemporâneo. "A nova geração" é, por um lado, verdadeiro epitáfio do Romantismo no Brasil ("o ocaso de um dia que verdadeiramente acabou" [Assis, 1997, p. 810]),[4] e lhe atesta, ao mesmo tempo, a vitalidade que é própria de todos os movimentos fundadores. Mais importante é falar de uma nova geração que se segue à geração anterior: está patente no ensaio de Machado a formação de uma série literária em âmbito brasileiro, assim como fica registrada a necessidade de uma crítica literária capaz de ler a série literária, apontando-lhe os equívocos de

---

3. Conferir Baptista (2003, p. 50).
4. Publicado originalmente na *Revista Brasileira*, vol. II, no dia 1º de dezembro de 1879.

percurso e emprestando-lhe, pela força do olhar até certo ponto isento, uma forma mais coerente. Vislumbra-se, em "A nova geração", o cruzamento de duas instâncias fundamentais para o surgimento da crítica literária: o estabelecimento de um critério estético para o julgamento das obras analisadas e o traçado de uma história da literatura (brasileira, no caso). Para isso, Machado observa, em primeiro lugar, a relação dos poetas da nova geração com seus antecessores:

> A nova geração chasqueia às vezes do romantismo. Não se pode exigir da extrema juventude a exata ponderação das coisas; não há impor a reflexão ao entusiasmo. De outra sorte, essa geração teria advertido que a extinção de um grande movimento literário não importa a condenação formal e absoluta de tudo o que ele afirmou; alguma coisa entra e fica no pecúlio do espírito humano. Mais do que ninguém, estava ela obrigada a não ver no romantismo um simples interregno, um brilhante pesadelo, um efeito sem causa, mas alguma coisa mais que, se não deu tudo o que prometia, deixa quanto basta para legitimá-lo. Morre porque é mortal. (Assis, 1997, p. 810)

Eu dissera que Machado observa a nova geração, mas, na verdade, surpreende-se no trecho citado, e de forma clara, a opinião do crítico acerca da importância que o movimento romântico teria que, forçosamente, adquirir aos olhos dos novos poetas, fossem eles leitores mais atentos de suas próprias obras. É Machado de Assis quem vê, enquanto leitor consciente de uma história literária, a posição fulcral do Romantismo na literatura brasileira. E aponta para a instituição de uma série literária: não há "extinção" absoluta de um movimento literário, há, antes, a formação de um "pecúlio" estético pela sobreposição dos diferentes momentos de uma série literária. Essa sobreposição não se faz automaticamente, pelo mero acúmulo, antes, necessita do olhar crítico, que escolhe, que compara, que estabelece a "continuidade crítica" (Baptista, 2003, p. 88) entre as escolas literárias. A noção de precursor não prevê, de forma alguma, a passividade em sua aceitação: o Romantismo, visto em "A nova geração" como precursor possível da poesia contemporânea a Machado de Assis, encerra-se devendo ser analisado em suas contribuições, deficiências e, ao mesmo tempo, mortalidade e persistência.

Voltando finalmente à década de 1960, é possível encontrar, no entanto, já no ensaio "O ideal do crítico", de 1865, formulações que apontam na mesma direção. Neste texto, Machado identificava na abertura para as diferentes escolas literárias uma característica fundamental da atividade crítica, o que podemos interpretar como admirável capacidade historicista de leitura do jovem autor. Em suas palavras:

> É preciso que o crítico seja tolerante, mesmo no terreno das diferenças de escola: se as preferências do crítico são pela escola romântica, cumpre não condenar só por isso, as obras-primas que a tradição clássica nos legou, nem as obras meditadas que a musa moderna inspira; do mesmo modo devem os clássicos fazer justiça às boas obras dos românticos e dos realistas, tão inteira justiça, como estes devem fazer às boas obras daqueles. (Assis, 1997, p. 800)[5]

Isto é, Machado advoga em favor de uma leitura consciente de cada um dos autores responsáveis pelo molde dos diferentes estilos literários no Brasil. Assim, sua reavaliação do movimento romântico, e dos ideais literários românticos, empreendida na tentativa de avaliação do momento

---

5. Publicado originalmente no *Diário do Rio de Janeiro* no dia 8 de outubro de 1865.

contemporâneo, mostra em Machado o homem de seu tempo, momento de transição e de formação de uma continuidade crítica na literatura brasileira. Por isso os autores de nosso período colonial, em especial os neoclássicos ambiguamente percebidos pelos românticos, podem ser agora recolocados na série literária, livres das leituras anacrônicas que pediam a eles, de forma insensata, liberdade não só estética, como política. É no cerne mesmo da oposição marcada entre uma literatura colonial, e presa a um código de convenções, e o Romantismo pós-Independência, que se torna interessante procurar o persistente traço comum, fabricado antes pelo olhar crítico do que pelo simples acúmulo cronológico.

Três textos críticos escritos por Machado de Assis em 1866 lidam com autores românticos brasileiros, estando, portanto, mais próximos de "O ideal do crítico" do que de "Instinto de nacionalidade" ou de "A nova geração" – e podem ser lidos também como preparação para a escrita destes ensaios mais maduros. "Instinto de nacionalidade" põe lenha na fogueira das discussões oitocentistas sobre nacionalidade em literatura; "A nova geração" mostra um crítico que já pode lançar os olhos em volta de si e comentar, a partir da perspectiva de fim de uma era literária, a nova literatura feita por seus contemporâneos. Interessa agora a passagem do olhar de Machado de Assis pelos escritores românticos via resenha crítica; se é certo que o aproveitamento de sua avaliação crítica do Romantismo foi feita por Machado também em seus poemas, contos e romances (poderíamos aqui discutir longamente a chamada "virada romanesca" de 1880 a partir deste ponto de vista), tentarei ater-me, brevemente, às observações críticas do autor acerca de três livros românticos que ele analisa, ou seja, *Iracema*, *Inspirações do claustro* e *Lira dos vinte anos*. Tentemos ver aí, objetivada, a tendência crítica da obra machadiana.

O texto sobre *Iracema* (Assis, 1997, p. 848-852), como já citado, saiu em 1866, logo no ano seguinte à publicação do livro e, por isso, é uma resenha crítica no sentido quase jornalístico da palavra, pois apresenta o livro a eventuais leitores, expondo defeitos e qualidades por meio da descrição de enredo, de personagens e de aspectos formais. Mas, para chegar a isto, Machado de Assis primeiro introduz a questão do indianismo na literatura brasileira, e de seus representantes e adversários. Faz-se, assim, o elogio de Gonçalves Dias, criador original de sentimentos e ideias literários, em oposição aos epígonos que utilizavam apenas o vocabulário indígena, praticando um indianismo superficial e imitativo. Nota-se que Machado procura discriminar, entre os vários autores que produziram obras indianistas, os criadores dos imitadores – e isso se faz pela leitura individualizada de cada autor, e não pela consideração do indianismo enquanto fenômeno da literatura brasileira ("Nem nos parece que se deva chamar escola ao movimento que atraiu as musas nacionais para o tesouro das tradições indígenas" [Assis, 1997, p. 848]). Com isso, Machado procura afastar também o maior medo dos adversários do indianismo: a sua transformação em modo exclusivo de fazer literatura brasileira. Machado não tem dúvidas: para o verdadeiro criador, este era apenas mais um "dos modos de exercer a poesia nacional" (Assis, 1997, p. 848). O indianismo, aos olhos de Machado, constitui-se em patrimônio da literatura brasileira, mas apenas na medida em que for trabalhado como dispositivo estético por nossos grandes autores; deve-se ignorar as limitações dos "maus rimadores", que ameaçam transformar o motivo indígena em massa amorfa, e obrigatória, de clichês e adereços exóticos.

Uma vez que se distingue os bons dos maus poetas, e que se afasta a ameaça de uma literatura brasileira eternamente indianista, passa a ser possível analisar o romance de José de Alencar pela via do critério estético, à revelia de possíveis critérios extraliterários – processo crítico que será retrabalhado na metáfora do "sentimento íntimo", alguns anos depois. *Iracema* é, segundo Machado de Assis, "um poema em prosa", fruto de trabalho minucioso de Alencar:

> Estudando profundamente a língua e os costumes dos selvagens, obrigou-se o autor a entrar mais ao fundo da poesia americana; entendia ele, e entendia bem, que a poesia americana não estava completamente achada; que era preciso prevenir-se contra um anacronismo moral, que consiste em dar idéias modernas e civilizadas aos filhos incultos da floresta. [...] a verdade é que relemos atentamente o livro do Sr. José de Alencar, e o efeito que ele nos causa é exatamente o mesmo a que o autor entende que se deve destinar ao poeta americano; tudo ali nos parece primitivo; a ingenuidade dos sentimentos, o pitoresco da linguagem, tudo, até a parte narrativa do livro, que nem parece obra de um poeta moderno, mas uma história de bardo indígena [...]. A conclusão a tirar daqui é que o autor houve-se nisto com uma ciência e uma consciência, para os quais todos os nossos louvores são poucos. (Assis, 1997, p. 849)

A apreciação extremamente positiva do livro de Alencar mostra um crítico mais que atento ao trabalho do autor: pode-se acompanhar, no trecho citado, o percurso da leitura crítica – Machado parte das teses alencarianas expostas no posfácio "Carta ao Dr. Jaguaribe" (Alencar, 1965, p. 252-255), que acompanha *Iracema*, coloca-as à prova na releitura minuciosa do romance e chega à conclusão de que as experiências formais que lhe constituem o cerne foram bem-sucedidas na medida em que, primeiro, alcançam um efeito no leitor análogo ao desejo autoral; segundo, expõem na matéria romanesca o trajeto reflexivo do autor, "ciência e consciência", motivos pelos quais os louvores do crítico são justos, na medida.

Se *Iracema* é um momento complexo em nosso Romantismo, alegra perceber que o romance teve um leitor à sua altura logo no primeiro momento; o que é aqui mais interessante, no entanto, é constatar que o uso sofisticado do arsenal indianista/brasileirista não encobriu o *tour de force* formal, produto da reflexão continuada sobre os meios da escrita. Parece-me bastante claro que uma virada crítica na avaliação da literatura brasileira, como a proposta por Machado de Assis em "Instinto de nacionalidade", tem suas raízes na leitura criteriosa de projetos literários consequentes como o de José de Alencar. Não é a utilização do motivo indígena que faz de *Iracema* o grande poema nacional ("modelo para o cultivo da poesia americana" [Assis, 1997, p. 852]), mas os já citados estudo, meditação, sentimento e consciência que ressaltam em sua leitura ("para ele enviamos os leitores estudiosos" [Assis, 1997, p. 852]).

O que nos leva, por fim, aos textos críticos que tratam de dois poetas do nosso chamado Ultrarromantismo: Junqueira Freire e Álvares de Azevedo. Avessos ao motivo indianista ou brasileirista, os dois jovens autores deixaram livros marcados por certo tom soturno que se costuma atribuir a circunstâncias biográficas, em indissociação tão ao gosto do Romantismo subjetivista. *Inspirações do claustro* e *Lira dos vinte anos* são analisados mais de dez anos depois de sua publicação, retirados da "estante nacional", nas palavras de Machado de Assis, à qual recorre na ausência de novas publicações literárias dignas de apreciação crítica.

O livro de Junqueira Freire, publicado em 1855, impõe a Machado de Assis (1997, p. 853-857) a distinção entre o poeta e sua obra – operação complexa em nosso âmbito romântico.[6] As "circunstâncias romanescas, e legendárias" da vida do monge arrependido levam o crítico a ter que lidar com a sua transposição para a matéria literária: Machado elogia no livro a sinceridade com que o poeta recria, ou reescreve, a sua história íntima, "em versos, muitas vezes duros, mas geralmente saídos do coração" (Assis, 1997, p. 853). Ciente, até certo ponto, dos padrões estéticos românticos, Machado elogia a adequação da forma ao conteúdo – e volta a insistir nisto, dizendo que a beleza do livro está em um contraste, em contradições internas: é isso que "representa a consciência e a unidade do livro" (Assis, 1997, p. 854). O poeta e o monge habitam o livro; o livro é, portanto, ambíguo, tortuoso e original. Machado de Assis conclui:

> O seu verso, porém, às vezes incorreto, às vezes duro, participa das circunstâncias em que nascia; traz em si o cunho das impressões que rodeavam o poeta [...]. Tivesse ele o cuidado de aperfeiçoar os seus versos, e o livro ficaria completo pelo lado da forma. O que lhe dá sobretudo um sabor especial é a sua grande originalidade, que deriva não só das circunstâncias pessoais do autor, mas também da feição própria do seu talento; Junqueira Freire não imita ninguém; rude embora, aquela poesia é propriamente dele; sente-se ali essa preciosa virtude que se chama – individualidade poética. (Assis, 1997, p. 857)

Machado não evita os defeitos formais do livro, mas ressalta, acima deles, o maior dos valores românticos – a

---

6. Publicado originalmente no *Diário do Rio de Janeiro* no dia 30 de janeiro de 1866.

"individualidade poética" de Junqueira Freire é sua contribuição para a história da literatura brasileira, assim como a sua "grande originalidade". Esta deriva não apenas da dilacerada vivência do poeta: ela advém de suas particularidades criativas, do âmago de sua subjetividade marcada pela visão ultrarromântica de poesia. Ora, a incorreção e a dureza dos versos de Junqueira Freire estão perfeitamente de acordo com uma estética da irregularidade como apregoada pelos mestres do momento – e, se Machado parece por vezes levar a sério demais a biografia conflituosa do frade, por outro lado procede de maneira bastante romântica ao procurar na própria obra os meios e os instrumentos para a sua análise crítica. Daí que o valor da obra de Junqueira Freire sobreponha-se aos seus descuidos formais – sua criticabilidade[7] liga-se antes à irregularidade programática e ao aproveitamento da biografia enquanto encenação de um "drama obscuro",[8] matéria de poesia, do que a uma prática versificatória que almeje a perfeição formal.

Machado de Assis é, como se vê, o mesmo crítico que dizia, em 1865, ser fundamental a tolerância para com as diferenças de escola; e que dirá, em 1873, que o valor literário é algo de ordem interior, que faz do autor homem do seu tempo e do seu país. A originalidade de Junqueira Freire tem, portanto, ainda este aspecto: é uma poesia "nova" – fala uma "língua própria" (Assis, 1997, p. 857) –; o "não imitar ninguém" é também atestado de uma escrita cuja autonomia se comprova

---

7. O termo é usado aqui no sentido em que Benjamin (1999, p. 71-80) lê o primeiro Romantismo alemão: a obra romântica é aquela que contém dentro de si mesma, em germe, a sua possível leitura crítica, e que é, portanto, passível de ser criticada, na medida em que se torna objeto-centro de reflexão.
8. "Nas doudas cenas de meu drama obscuro!" Verso de Álvares de Azevedo (2002, p. 158), em seu belo poema "Ideias íntimas".

por sua originalidade no quadro da literatura brasileira, dentro da tradição ocidental.

Assim, também no curtíssimo texto sobre *Lira dos vinte anos* (Assis, 1997, p. 892-894),[9] busca Machado a índole do poeta por trás de seus escritos: a índole propriamente poética, a dicção da poesia de Álvares de Azevedo. Desde logo, nota-se, diz Machado, a presença exagerada de outros autores em sua obra – o que ofusca muitas vezes a sua "individualidade poética". Ao contrário de Junqueira Freire, cuja vida era em si assunto bastante de poesia, Álvares de Azevedo buscaria nos livros amados a experiência que lhe falta: "Ambicionava uma existência poética, inteiramente conforme à índole de seus poetas queridos" (Assis, 1997, p. 894).[10] Livresca, defeituosa, artificiosa, a obra de Azevedo parece a Machado de Assis, no entanto, dotada de grande talento e sensibilidade. O pressentimento da morte e a melancolia completam um quadro de compensação da vida pela poesia: Ultrarromantismo. Machado atribui à falta de tempo os exageros que embaçam a "individualidade" de Azevedo (esta expressão aparece quatro vezes em um texto de poucos parágrafos); o poeta, se tivesse vivido, teria definido melhor sua dicção poética, emendaria seus versos às vezes incorretos, desbastaria a sua prosa dos excessos advindos da erudição.

Quem lê o texto crítico de Machado de Assis sobre Álvares de Azevedo forma de imediato a ideia de um poeta ainda em desenvolvimento, incompleto, com a carreira que se anunciava brilhante abreviada pela morte. Ora, não deixa

---

9. Publicado originalmente no *Diário do Rio de Janeiro* no dia 26 de junho de 1866.
10. Conferir o pequeno ensaio em que Eugenio Gomes (2000, p. 249-254) discorre sobre o "ópio da leitura", único vício do jovem poeta Álvares de Azevedo.

de ser interessante verificar que o que era aceitável em Junqueira Freire devido às circunstâncias biográficas, ou seja, seus maus versos, suas oscilações poéticas, só pode ser justificado em Azevedo pela falta de tempo (claro está que *Lira dos vinte anos* é livro póstumo, de 1853, ou seja, não passou pelo crivo do poeta na ocasião de sua publicação). Mas aquilo que o crítico condena com mais frequência em Azevedo assume certa relevância ao pensarmos no futuro escritor Machado de Assis – o excesso de leituras, a erudição descontrolada assenhoreando-se do texto: "Era frequentemente difuso e confuso; faltava-lhe precisão e concisão. Tinha os defeitos próprios das estreias, mesmo brilhantes como eram as dele. Procurava a abundância e caía no excesso. A ideia lutava-lhe com a pena, e a erudição dominava a reflexão" (Assis, 1997, p. 894). Um autor-leitor incomodado pelo excesso de leituras de outro autor-leitor. A formação de uma "individualidade poética" azevediana, nos termos quase obsessivos de Machado, necessitaria de mais tempo, mais reflexão, mais trabalho com a utilização de vozes alheias no próprio texto.

As reservas de Machado de Assis em relação à obra de Álvares de Azevedo me sugerem, sempre, um reconhecimento. Machado veria ali, em forma ainda incipiente, um modo de trabalhar as leituras na confecção de uma obra literária. Se efetivamente faltou tempo a Álvares de Azevedo, o poeta teria, no entanto, mesmo que de forma precária, indicado um caminho para a integração de toda uma tradição literária em sua própria obra. Tal questão assume ares graves no contexto da literatura brasileira, exposta desde sempre às discussões sobre fontes e influências, filiações e originalidade. Não custa lembrar que a leitura empreendida por Machado de Assis da "estante nacional" é formadora de toda uma visão crítica posterior sobre o Romantismo brasileiro – aqui representado em sua chamada segunda fase por um poeta que evitou, de maneira proposital, os temas mais óbvios da nacionalidade literária. Retomando os termos de Machado, Álvares de Azevedo teria buscado, através de sua inserção no quadro ocidental, uma outra forma possível de participação na literatura de seu tempo e de seu país. Essa "dialética do local e do universal" (Schwarz, 2006, p. 168) será a marca do Machado de Assis maduro, que levará o procedimento ao seu alcance máximo, desenvolvendo-o a partir de suas próprias premissas, expostas em "Instinto de nacionalidade".

Cobrar do mais romântico de nossos autores "originalidade" e "individualidade" não pode deixar de ser sintomático: Machado exige de um talento que ele previa superior uma definição mais clara de projeto literário, no quadro possível da literatura romântica brasileira (por isso seu elogio ao *humour*, como contribuição nova de Azevedo à literatura brasileira). Estaríamos frente a um caso de reconhecimento de precursor? De formação de uma linhagem crítica de trabalho criativo com as leituras feitas pelo autor-leitor? São questões que exigiriam um trabalho longo e aprofundado – outro momento. Concluo às pressas o texto com o elogio final de Machado de Assis a Álvares de Azevedo; elogio que poderia tranquilamente ser feito ao autor de *Brás Cubas*:

> Diz-nos ele que sonhava, para o teatro, uma reunião de Shakespeare, Calderón e Eurípides, como necessária à reforma do gosto da arte. *Um consórcio de elementos diversos, revestindo a própria individualidade, tal era a expressão de seu talento.* (Assis, 1997, p. 894, grifo nosso)

Referências

ALENCAR, José de. *Obra completa*. Vol. III. Rio de Janeiro: Aguilar, 1965.

ASSIS, Machado de. *Obra completa*. Vol. III. Rio de Janeiro: Nova Aguilar, 1997.

AZEVEDO, Álvares de. *Poesias completas*. Campinas, SP: Ed. Unicamp; São Paulo: Imprensa Oficial do Estado, 2002.

BAPTISTA, Abel Barros. *A formação do nome*. Duas interrogações sobre Machado de Assis. Campinas, SP: Ed. Unicamp, 2003.

BARBOSA, João Alexandre. Literatura e história: aspectos da crítica de Machado de Assis. SECCHIN, ALMEIDA, e SOUZA. *Machado de Assis: uma revisão*. Rio de Janeiro: In-Fólio, 1998.

BENJAMIN, Walter. *O conceito de crítica de arte no Romantismo alemão*. São Paulo: Iluminuras, 1999.

CANDIDO, Antonio. *Formação da literatura brasileira*. Vol. II. Belo Horizonte/Rio de Janeiro: Itatiaia, 1993.

CASTELLO, José Aderaldo. *Realidade e ilusão em Machado de Assis*. Cotia, SP: Ateliê, 2008.

GOMES, Eugenio. Álvares de Azevedo e o ópio da leitura. *Leituras inglesas*. Belo Horizonte: Ed. UFMG; Salvador: Edufba, 2000.

LIMA, Luiz Costa. *O controle do imaginário*: razão e imaginação nos tempos modernos. Rio de Janeiro: Forense Universitária, 1989.

SCHWARZ, Roberto. Duas notas sobre Machado de Assis. *Que horas são?* São Paulo: Companhia das Letras, 2006.

Estratégias de leitura da tradição literária brasileira na crítica de Machado de Assis

Discutindo o significado do ensaio "Instinto de nacionalidade", de Machado de Assis (1997, p. 801-809), em relação à questão da nacionalidade da literatura brasileira, propõe Abel Barros Baptista (2003, p. 42) uma primeira leitura do problema:

> Trata-se de estudá-lo, não na perspectiva de um episódio de origem, projetando luz sobre toda a sua obra, como se fosse um projeto alternativo, mas como episódio em que Machado procura delimitar um estatuto para a sua assinatura resistindo à lei nacional. É o momento em que a reflexão machadiana sobre a questão da nacionalidade literária desarticula a retórica solidária do projeto nacional legado pelo romantismo, quebrando o laço entre a realidade brasileira entendida como realidade fundadora e a literatura, demarcando-se, em consequência, não apenas do projeto nacional, mas de todo o projeto em literatura: o episódio brasileiro do nome de Machado é o momento em que, para se erguer acima do quadro literário nacional, Machado lança a indeterminação sobre o esforço de construção de uma literatura nacional.

Em termos muito rápidos, eu gostaria de apontar aí a questão central do ensaio de Baptista: o modo como Machado inscreve seu nome na história da literatura brasileira, contra qualquer prescrição nacionalista, não opera pela negação de tais prescrições nacionalistas. Opera, antes, pela sugestão de uma outra força na condução dos destinos literários, isto é, pela literatura em si. No entanto, se "Instinto de nacionalidade" não é de fato um projeto alternativo, ponto de origem da reflexão de Machado sobre os rumos da literatura brasileira e de sua própria obra literária aí inserida, não custa lembrar que tais preocupações já frequentavam a crítica machadiana desde a década de 1860. É preciso ressaltar, já nas resenhas escritas por Machado de Assis sobre obras de escritores românticos, como José de Alencar ou Álvares de Azevedo, a sua preocupação em encontrar ali um fio crítico, de reflexão não apenas sobre as questões nacionais em literatura, mas sobre questões inerentes ao fazer literário. Voltarei a isso logo mais adiante. Gostaria apenas de deixar aqui anotado o fato de que essa ampla discussão sobre os rumos de uma literatura, como desenvolvida por Machado, tem, entre seus endereços certos, uma óbvia inserção de si mesmo no âmbito da mesma tal literatura, o que é também apontado por Abel Barros Baptista. E para se inserir no *continuum* literário brasileiro, se é que podemos observar tal fenômeno já em fins do século XIX, Machado de Assis prefere antes lançar dúvidas, desestabilizar certezas e provocar desconfianças em relação a um cânone nacionalista que ameaçava homogeneizar uma compreensão do que fosse literatura brasileira.

Daí então a dificuldade de se definir o que vem a ser um "instinto de nacionalidade", já que o termo *instinto*, com a sua carga forte de indeterminação, parece caminhar na contramão de um projeto ou programa literário. O instinto seria anterior à reflexão crítica, está claro, mas pode estar muito próximo, anotemos, do momento criativo, do *insight*,[1] que é posteriormente corrigido, refreado, inibido pela reflexão sistemática.

Pois é esse, me parece, o próprio movimento de Machado de Assis em seu ensaio "Instinto de nacionalidade" e em outros momentos de sua crítica literária: observar os vislumbres e necessidades envolvidos na criação de uma literatura nacional e corrigi-los no ensaio crítico ou na resenha, antes que fossem incorporados de vez às formas mais complexas da narrativa machadiana. Dando um passo atrás, gostaria de lembrar a resenha sobre *Iracema*, de José de Alencar, publicada em 1866 (Assis, 1997, p. 848-852).

O indianismo, aos olhos de Machado de Assis, constitui-se em patrimônio da literatura brasileira, mas apenas na medida em que foi trabalhado como dispositivo estético por nossos grandes autores; deve-se ignorar as limitações dos "maus rimadores", que ameaçam transformar o motivo indígena em meros clichês ou adereços exóticos. Uma vez separados os bons dos maus poetas, e afastada a ameaça de uma literatura brasileira exclusivamente indianista, passa a ser possível analisar o romance de José de Alencar pela via do critério estético, à revelia de possíveis critérios extraliterários. *Iracema* é, segundo Machado de Assis, "um poema em prosa", fruto de trabalho minucioso de Alencar:

> [...] a verdade é que relemos atentamente o livro do Sr. José de Alencar, e o efeito que ele nos causa é exatamente o mesmo

---

1. Em diferentes dicionários, *insight* aparece definido como: clareza súbita na mente, no intelecto de um indivíduo; iluminação, estalo, luz, intuição, revelação, compreensão intuitiva. Conferir: <http://www.aulete.com.br/insight>. Gostaria ainda de acrescentar os possíveis significados do termo *vislumbre*.

a que o autor entende que se deve destinar ao poeta americano; tudo ali nos parece primitivo; a ingenuidade dos sentimentos, o pitoresco da linguagem, tudo, até a parte narrativa do livro, que nem parece obra de um poeta moderno, mas uma história de bardo indígena [...]. A conclusão a tirar daqui é que o autor houve-se nisto com uma ciência e uma consciência, para os quais todos os nossos louvores são poucos. (Assis, 1997, p. 849)

A apreciação positiva do livro de Alencar esclarece que não é a utilização do motivo indígena que faz de *Iracema* o grande poema nacional ("modelo para o cultivo da poesia americana" [Assis, 1997, p. 852]), mas antes a ciência e a consciência que ressaltam em sua leitura ("para ele enviamos os leitores estudiosos" [Assis, 1997, p. 852]). Para falar ainda com Abel Barros Baptista (ou já um pouco distante dele, pois o crítico ignora, talvez por razões instrumentais, os ensaios machadianos da década de 1860), eu poderia deslocar de "Instinto de nacionalidade" para a resenha sobre *Iracema* um movimento claro de recusa: "Aí reside o cerne da recusa machadiana: não aceita que, em nome da nacionalidade, se limitem os 'cabedais' da literatura brasileira, ou, dito de outra forma, não aceita que a literatura brasileira tenha que ser pobre para conquistar o caráter nacional que procura" (Baptista, 2003, p. 79-80).

Ora, riqueza e pobreza, em termos de tradição literária, podem e devem ser traduzidos no contato (ou na ausência de contato) com outras literaturas, no aproveitamento de outros modelos formais e no diálogo entre os gêneros literários. Essa vivência dos textos alheios, como sabemos, só se torna verdadeiramente produtiva no momento em que o autor-leitor consegue transformá-la em algo próprio. Riqueza literária é, sob esse ponto de vista, um arsenal textual à disposição dos autores de determinada literatura nacional – e é, ao mesmo tempo, a capacidade que cada um desses autores tem de trabalhar criativamente dentro de uma tradição.

Na curtíssima resenha crítica feita sobre *Lira dos vinte anos*, de Álvares de Azevedo (Assis, 1997, p. 892-894), essa relação com a literatura europeia aparece problematizada por um outro ângulo. Quem lê o texto crítico de Machado de Assis sobre Álvares de Azevedo forma de imediato a ideia de um poeta ainda a amadurecer, incompleto, com a carreira, que se anunciava brilhante, abreviada pela morte. Aquilo que o crítico condena em Azevedo assume certa relevância ao pensarmos no futuro escritor Machado de Assis – o excesso de leituras, a erudição descontrolada assenhoreando-se do texto:

> Era frequentemente difuso e confuso; faltava-lhe precisão e concisão. Tinha os defeitos próprios das estreias, mesmo brilhantes como eram as dele. Procurava a abundância e caía no excesso. A ideia lutava-lhe com a pena, e a erudição dominava a reflexão. (Assis, 1997, p. 894)

Um autor-leitor incomodado pelo excesso de leituras de outro autor-leitor, ou pela incapacidade de controlar, de filtrar, de reciclar tais leituras. A formação de uma "individualidade poética" azevediana, nas palavras de Machado, necessitaria de mais tempo, mais reflexão, mais trabalho com a utilização de vozes alheias no próprio texto.

É possível inferir que Machado localizaria na obra de Álvares de Azevedo, em forma ainda incipiente, uma maneira de trabalhar as leituras na confecção de uma obra literária – riqueza. Tal questão assume ares dramáticos no contexto da literatura brasileira oitocentista, ameaçada pela tenuidade e pela pobreza quantitativa e qualitativa. Machado exige de um talento, que ele previa superior, uma definição mais clara de projeto literário, no quadro do Romantismo brasileiro (por isso seu elogio ao *humour*, como contribuição nova de Azevedo à literatura brasileira). Poderíamos pensar em um caso de reconhecimento de precursor ou de formação de uma linhagem crítica de trabalho criativo com as leituras feitas pelo autor-leitor. No entanto, para organizar e sistematizar na obra literária a riqueza advinda do contato com a literatura universal, torna-se fundamental contrabalançá-la com algo que poderíamos chamar, eis aqui, de "instinto de nacionalidade".

Se o instinto precede a reflexão crítica, mas também a inicia e fornece a ela matéria para sistematização, temos aqui uma situação interessante: o "instinto de nacionalidade", que é busca por uma forma própria para a literatura brasileira, serviria como modo de bloquear ou filtrar o excesso de referências literárias estrangeiras e tornaria efetiva, no âmbito da literatura brasileira, a dialética do local e do universal, para usar a expressão de Roberto Schwarz (2006, p. 168), que aponta, em Machado de Assis (na esteira de Antonio Candido), o seu

> aproveitamento crítico da literatura brasileira anterior, o que paradoxalmente o levava a dispensar os apoios do pitoresco e do exotismo, e lhe permitia integrar sem servilismo os numerosos modelos estrangeiros de que se valia.

Poderíamos vislumbrar, no uso do termo "instinto de nacionalidade", uma dupla função: é um modo de descolar a literatura brasileira das certezas de um credo nacionalista/indianista/nativista lançando sobre ela a indeterminação de um impulso aparentemente cego; é também, e ao mesmo tempo, uma forma de organizar a literatura brasileira em suas relações com a literatura universal e com a produção local, mesmo em sua irregularidade. Só dessa maneira podemos imaginar a fundação de uma tradição literária entre nós, como entrevista naquele momento por Machado de Assis (1997, p. 801):

> Quem examina a atual literatura brasileira reconhece-lhe logo, como primeiro traço, certo instinto de nacionalidade. Poesia, romance, todas as formas do pensamento buscam vestir-se com as cores do país, e não há negar que semelhante preocupação é sintoma de vitalidade e abono de futuro. As tradições de Gonçalves Dias, Porto Alegre e Magalhães são assim continuadas pela geração já feita e pela que ainda agora madruga, como aqueles continuaram as de José Basílio da Gama e Santa Rita Durão.

Um *continuum* no qual se inserir é o que parece ainda preocupar Machado de Assis, por fim, em seu ensaio de 1879, "A nova geração", no qual o crítico se arrisca a julgar a poesia de seus contemporâneos. O ensaio se abre justamente com uma discussão sobre a relação conflituosa entre estilos de época que se sucedem no tempo:

> A nova geração chasqueia às vezes do Romantismo. Não se pode exigir da extrema juventude a exata ponderação das coisas; não há impor a reflexão ao entusiasmo. De outra sorte, essa geração teria advertido que a extinção de um grande movimento literário não importa a condenação formal e absoluta de tudo o que ele afirmou; alguma coisa entra e fica no pecúlio do espírito humano. Mais do que ninguém, estava ela obrigada a não ver no Romantismo um simples interregno, um brilhante pesadelo, um efeito sem causa, mas alguma coisa mais que, se não deu

tudo o que prometia, deixa quanto basta para legitimá-lo. Morre porque é mortal. (Assis, 1997, p. 810)

Essa passagem é lida por Abel Barros Baptista com especial atenção ao "pecúlio do espírito humano". Está claro que se discute aqui uma questão relativa à formação de uma tradição – riqueza literária –, não apenas em termos de literatura brasileira, mas como "atitude perante um movimento literário do passado assumida por um movimento literário do presente, independentemente de qualquer contexto nacional ou mesmo histórico" (Baptista, 2003, p. 86). Interessa a mim observar, além disso, a necessidade aí descrita (camuflada pela condescendência para com a juventude) de refrear o entusiasmo por meio da reflexão e da ponderação. Tal movimento crítico, do instinto à reflexão, atualiza-se aqui na relação conturbada entre novos poetas e o passado poético próximo, execrado em sua totalidade por aqueles que julgam tê-lo ultrapassado. Machado levanta a bandeira do aprendizado e do "pecúlio": mas estes não se formam apenas pela acumulação linear, e sim pela escolha, explícita na passagem citada, daquilo que interessa a uma nova geração poética na geração anterior. Dessa maneira, com um pedido claro pela reflexão crítica acerca do passado literário próximo com vistas ao futuro da literatura brasileira, Machado acaba por se excluir da "nova geração".

Distanciar-se do Romantismo através da filtragem de suas conquistas perenes é algo que parece orientar a produção do primeiro Machado de Assis prosador (eu faço aqui um desvio para evitar a poesia de Machado, uma vez que me parece que sua produção de crítica literária tem continuidade mais visível em sua narrativa, e não exatamente em sua poesia). Para além das considerações nacionalistas, está claro que o

Romantismo fora responsável pela criação de uma primeira massa textual (e crítica) considerável na literatura brasileira: "deixa quanto basta para legitimá-lo" (Assis, 1997, p. 810). Machado parece enxergar, na inserção em uma continuidade crítica, a possibilidade de reivindicar, para a literatura brasileira, a preocupação exclusiva com questões propriamente literárias. Porque, uma vez admitida a existência de uma literatura entre nós, com o mínimo de consistência (o que atestam os ensaios críticos de Machado sobre autores de nossa literatura), pode-se começar a ignorar as discussões extraliterárias que empanaram a visão romântica brasileira. Voltamos então ao ensaio "Instinto de nacionalidade" e suas metáforas ambíguas: o "instinto de nacionalidade" em si e o "sentimento íntimo":

> Não há dúvida que uma literatura, sobretudo uma literatura nascente, deve principalmente alimentar-se dos assuntos que lhe oferece a sua região; mas não estabeleçamos doutrinas tão absolutas que a empobreçam. O que se deve exigir do escritor antes de tudo, é certo sentimento íntimo, que o torne homem do seu tempo e do seu país, ainda quando trate de assuntos remotos no tempo e no espaço. (Assis, 1997, p. 804)

Sim, o "sentimento íntimo" opõe-se à ostentação da "cor local"; por outro lado, traduz-se enquanto uma ligação profunda, de procedência interior, com a produção literária local, "seu tempo e seu país". Mas o "sentimento íntimo", da mesma maneira que o "instinto de nacionalidade", acaba por encontrar sua melhor tradução no sentido de ser uma busca, um processo, do qual faz parte a visita ao pitoresco enquanto "ponto de passagem – sublinhadamente fortuito – para esferas mais significativas" (Schwarz, 2006, p. 167).

Eu tenderia a ver essa "passagem para esferas mais significativas" como uma preocupação em reconduzir, ou mesmo conduzir, as discussões sobre a literatura brasileira ao âmbito das discussões sobre a literatura em si. Como uma forma de atestar a maioridade enfim de nossa literatura nacional, exatamente pela afirmação de sua universalidade. Como uma reivindicação pela riqueza da literatura brasileira, "pecúlio" a se constituir na dialética entre o elemento local e o manancial da literatura ocidental. Portanto, o "sentimento íntimo" a ser exigido de um autor é mais um deslocamento da questão da nacionalidade em literatura, e não sua negação, assim como o "instinto de nacionalidade". E é também uma das formas da complexa autoinserção de Machado de Assis na literatura de sua época e de seu país:

> [...] a posição de Machado será sempre incompatível com qualquer projeto, programa ou intenção nacionalista. A relação do escritor com o projeto nacional é profundamente alterada: Machado não lhe reconhece legitimidade para determinar o sentido da atividade literária, para excluir, decidir, escolher, distinguir o próprio do impróprio, o que, tendo presente a sua obra romanesca futura, aparece com indiscutível relevo. O que nestas páginas se decide é já a posição de Machado na literatura brasileira *enquanto romancista*. (Baptista, 2003, p. 81)

ou

> Numa palavra, se o 'sentimento íntimo' não é verdadeira proposta alternativa na questão nacional, é garantia individual fornecida pelo próprio Machado a respeito de si próprio; se quiserem julgá-lo segundo o critério da nacionalidade, se quiserem saber onde está a 'brasilidade' das suas obras, procurem-lhe o *sentimento íntimo*. (Baptista, 2003, p. 109)

"Sentimento íntimo" e "instinto de nacionalidade" se equivalem na medida em que funcionam como corretivos a um nacionalismo literário ostensivo ou meramente programático – mas se diferenciam por completo em sua origem ou significado mais profundo. Se o "instinto de nacionalidade" configura uma busca por inserção em nossa literatura, por meio de um dado que remeta intrinsecamente à sua nacionalidade, o "sentimento íntimo" procura operar além desse mesmo dado local, inserindo um autor em uma literatura à revelia de qualquer traço extraliterário, externo.

Por ironia, os dois termos têm em si a medida da indefinição: instinto e sentimento, tradicionalmente opostos à reflexão e à razão (e excludentes entre si). Mas não no pensamento crítico de Machado de Assis. Aí, as instâncias de oposição são conformadoras dos termos – instinto é momento inicial da reflexão e também uma sistematização que refreia os excessos da primeira inspiração, já que coloca a obra literária de uma dada literatura dentro de um projeto nacionalista que seja crítico ao mesmo tempo. O sentimento reivindica, para essa mesma literatura, a sua literariedade, o voltar-se para dentro de si de um autor que se dá ao mesmo tempo no campo do texto literário. Portanto, no universo da crítica literária de Machado de Assis, sentimento e instinto são instâncias críticas, reflexivas, que devem guiar a produção de uma obra literária coerente consigo mesma. Para terminar, lembremos que Machado atesta, em seu ensaio, a existência de um "instinto de nacionalidade" na literatura brasileira contemporânea (1873) – continuidade de uma tradição –; mas almeja a diferenciação que somente pode ser dada pelo "sentimento íntimo" – afirmação da literariedade de uma literatura, seja individual ou nacional.

Essa seria a base crítica de juventude sobre a qual irá erguer-se uma das obras romanescas mais consequentes de toda a nossa literatura. Mas essa é uma outra história.

Referências

ASSIS, Machado de. *Obra completa*. Vol. III. Rio de Janeiro: Nova Aguilar, 1997.
BAPTISTA, Abel Barros. *A formação do nome*. Duas interrogações sobre Machado de Assis. Campinas, SP: Ed. Unicamp, 2003.
SCHWARZ, Roberto. Duas notas sobre Machado de Assis. *Que horas são?* São Paulo: Companhia das Letras, 2006.

A formação de um cânone para o século XIX brasileiro: a força de Machado de Assis

Machado de Assis constitui problema bastante complexo para a história e para a crítica da literatura brasileira: não só se destaca de forma inegável no panorama da ficção de final do século XIX entre nós, criando um falacioso insulamento, que leva o estudioso a se debruçar sobre o problema de uma aparente descontinuidade histórico-literária – questão que deve ser analisada e desconstruída, bem sabemos –, como ainda apresenta, entre suas realizações, o exercício profissional da crítica literária, sendo leitor atento de nossa história da literatura em sua trajetória de formação, e tendo feito esforços para contribuir de alguma maneira na constituição de uma mentalidade literária finalmente autônoma entre nós.

Teríamos, portanto, ao menos dois eixos de análise que se fazem fundamentais para a compreensão não apenas da obra machadiana, mas de toda a literatura que o circunda. Podemos ler a obra ficcional de Machado enquanto padrão, ponto mais alto de nossa produção oitocentista – *télos* indiscutível –, à maneira um tanto elíptica de Antonio Candido na *Formação da literatura brasileira*, ou mesmo à maneira mais explícita de Roberto Schwarz que faz de Machado o seu ponto de chegada para o projeto romanesco mais consequente de nosso XIX (vide sua leitura de José de Alencar em *Ao vencedor as batatas*: trata-se de análise séria e atenta, mas que reserva ao romancista de *Senhora* um lugar de passagem para os cimos galgados por Machado [Schwarz, 2000, p. 35-79]).[1] Cito apenas esses dois críticos, que acredito leitores brilhantes de Machado no século XX, mas poderia acrescentar uma série longa de análises que levam à obra de Machado de Assis como consecução final de um projeto literário para o qual contribuíram aqui e ali muitos de nossos poetas, romancistas e dramaturgos oitocentistas, de várias maneiras, mais ou menos conscientes. Veja que é necessário, aqui, admitir a tese da integração de Machado à série de nossos escritores oitocentistas, ao contrário daqueles que fazem dele caso à parte, irrupção de genialidade sem explicação que não por teorias pseudorromânticas ou genética privilegiada. Devo dizer que não me interessa, enquanto leitora da textualidade de nosso século XIX, uma tal visão isolada de Machado de Assis.

O segundo eixo de análise da obra machadiana e de seus arredores, menos desenvolvido pela fortuna crítica, tem recebido, recentemente, um pouco mais de atenção, e me interessa aqui de perto: trata-se da leitura da crítica literária de Machado de Assis e de suas implicações para a literatura brasileira em geral e para a compreensão da própria obra machadiana em particular. É óbvio que, enquanto leitor da literatura brasileira disponível, Machado tinha um papel de crítico ao pé da letra, que exerceu como resenhista e historiador de nossa literatura, da qual buscava apontar os traços

---

1. A questão será discutida em capítulo deste livro: "Forma inexata: Roberto Schwarz lê o romance de José de Alencar".

característicos e definir um possível "temperamento". Desde os dezenove anos de idade, Machado praticou a crítica literária nos jornais da corte, como um exercício que ele acreditava ser fundamental para o desenvolvimento da literatura entre nós, pois seria capaz de promover a reforma do gosto, uma verdadeira educação estética. O impacto de sua prática crítica para a formação de um cânone literário oitocentista teria que ser retraçado, portanto, nas avaliações individuais que fez de autores e de escolas literárias – levando-se em consideração o próprio lugar ocupado por Machado de Assis na série literária em formação.

Mudando um pouco o ângulo pelo qual olhamos a questão da crítica literária escrita por nosso autor, faz-se ainda mais interessante imaginar como esse contato com a obra alheia, enquanto fricção, leitura negativa ou mesmo concordância e aplauso, fundamentou a obra do romancista/contista Machado de Assis, ponto de interesse da maior parte da fortuna crítica machadiana. Questões intensamente discutidas, como a chamada passagem da primeira para a segunda fase de sua ficção, sua guinada antirromântica e mesmo antirrealista, o desenvolvimento do seu "classicismo moderno" (Luz, 2012), tudo isso ganha novo interesse, é claro, se visto em contraste com sua atividade como crítico. Machado só passou a escrever romances depois que já tinha anos, uma década e meia ao menos, de prática como crítico em periódicos – todo esse tempo será evidentemente reaproveitado na busca por um modelo crítico de romance, se pensarmos que sua trajetória de romancista, a partir de 1872, com a publicação de *Ressurreição*, vem substituir gradativamente a sua atividade de crítico literário.[2]

---

2. Esta hipótese está formulada em Jobim (2013), entre outros.

Seria esse, portanto, o ponto exato em que podemos marcar um cruzamento dos dois eixos mínimos de análise que eu havia indicado para a compreensão da obra machadiana: o momento em que a obra ficcional machadiana se confunde com a obra crítica na medida em que os padrões críticos internalizados pelo autor de ficção Machado de Assis servem como referência, modelo de excelência para a literatura brasileira. Dessa maneira, a obra ficcional de Machado é também criadora de um cânone *a posteriori*, pois somos obrigados a rever e reestimar nosso romance romântico a partir da leitura de seus primeiros quatro romances, e, comparados aos seus romances de segunda fase, por extensão, os romances de nossos naturalistas necessitam de reavaliação – formal e valorativa. E vice-versa, uma vez que não há mão única na reciclagem do material literário. Como caso exemplar de passagem da crítica para o romance, veja-se o aproveitamento que Machado faz de sua leitura dos romances de Eça de Queirós (artigos publicados em 1878) em *Memórias póstumas de Brás Cubas* (seu aparecimento em forma seriada data de 1880). Há, aí, claramente o uso de um modelo às avessas; para além da condenação ao realismo/naturalismo, chama a atenção o afinco com que Machado busca a indeterminação nos personagens e mesmo na trama de seu romance, atacando os princípios da verossimilhança e da causalidade que eram indispensáveis à estética então defendida pelo autor português (que, diga-se de passagem, também teria acusado o golpe da crítica que Machado fez aos seus dois primeiros romances realistas).[3]

Bem: recapitulando, eu gostaria de apresentar aqui duas rápidas hipóteses sobre o papel de Machado de Assis enquanto

---

3. A comparação de episódios dos romances de Eça e de Machado é feita por Zilberman (2012, p. 106-125).

uma espécie de "reorganizador" da história da literatura brasileira. É o jovem Machado de Assis que mais me interessa aqui, pois sua atividade crítica *stricto sensu* estende-se até mais ou menos ao ano de 1880.[4] Machado escreveu textos críticos para jornais e revistas, sendo que alguns deles são claras resenhas de obras da literatura brasileira e outros são considerações, de pendor histórico, acerca de nossa literatura ou reflexões sobre a própria atividade do crítico.

Já ficou claro, a essa altura, que eu acredito que a atividade crítica empreendida por Machado de Assis, desde a sua extrema juventude até os quarenta anos, poderia nos ajudar a rever ou a relativizar certos aspectos de nossa história da literatura. Por exemplo: Machado comenta, ao longo da década de 1860, obras de autores de nosso Romantismo,[5] movimento que lhe é imediatamente anterior e ao mesmo tempo contemporâneo, como sabemos, já que nossa datação historiográfica aponta a duração do movimento romântico entre nós pelo menos até a morte de Castro Alves, já na década de 1870. Ora, a obra romanesca machadiana, em geral, é dividida em dois grandes momentos: os romances de 1872 (*Ressurreição*) até 1878 (*Iaiá Garcia*) e o momento que se inicia em 1880, com a publicação seriada de *Memórias*

---

4. "Já se fez uma divisão temporal da crítica machadiana, afirmando que: entre 1865 e 1866, Machado foi um crítico prolífico, produzindo 12 artigos coletados por Mário de Alencar; entre 1866 e 1879, teria produzido apenas cinco artigos, mas de 'alta exigência'; entre 1880 e 1898, não teria produzido nada; entre 1899 e sua morte, teria escrito apenas 'pequenas peças mais de adulação do que propriamente de crítica, a partir das obras de seus amigos e próximos'." (Jobim, 2013, p. 91).

5. Conferir três escritos importantes publicados em 1866: em janeiro, a resenha crítica sobre *Iracema*, de José de Alencar e o artigo sobre *Inspirações do claustro*, de Junqueira Freire. Em junho, o pequeno comentário sobre Álvares de Azevedo. Tais textos já foram objeto de análise em capítulo anterior deste livro: "Machado de Assis leitor dos românticos brasileiros".

póstumas de Brás Cubas. Esse primeiro grupo de romances é frequentemente chamado de "fase romântica" de Machado de Assis. Isso é, aqui, importante, uma vez que, em termos cronológicos, os primeiros romances estão ainda bem próximos do Romantismo – mas uma leitura atenta dos mesmos nos mostra um autor preocupado em usar os recursos e as maneiras de fazer românticos de uma forma nova: creio que só poderiam ser chamados de "românticos" na medida em que são "estudos" do romance romântico – ou da escrita romântica em seus diversos gêneros. Estudos atentos, que têm na leitura das obras do Romantismo brasileiro e do Romantismo em geral a sua fase de pesquisa e de aquisição de repertório; e as resenhas de obras de nosso movimento romântico configuram um exame sério da tradição que se forma na literatura brasileira.

O uso do termo "fase romântica", para caracterizar o conjunto dos quatro primeiros romances de Machado de Assis incorre, portanto, ao menos em meio equívoco: se há elementos românticos nesses romances, eles teriam que ser avaliados de acordo com o seu uso: haveria paródia, por exemplo, do enredo romântico padrão, da heroína romântica típica e de suas aspirações idealizantes em *A mão e a luva*? E o que dizer de um personagem como Estevão, coitado, que arrasta seu sentimentalismo pelo romance como encarnação de um rebotalho ultrarromântico? Como aceitar, em termos de Romantismo, o casamento interessado de Iaiá Garcia e sua fria relação com Estela ao final do romance que fecha a primeira fase romanesca de Machado de Assis? São romances estranhos os dessa fase, por vezes desagradáveis em sua mistura de cálculo e conformismo – característica já notada por Roberto Schwarz (2000, p. 83-94) no estudo já aqui citado. Estamos longe das soluções idealizadas, para bem ou para mal, do romance alencariano, com seus rasgos de abertura radical e incursões ao mito, à história, à incerteza do lírico.

É mais do que interessante esse momento na história de uma literatura, em que um autor-leitor atento passa a visitar o "estilo de época" de forma irônica e programática. Dessa forma, a nossa visão do Romantismo brasileiro tem que obrigatoriamente passar pelo entendimento que Machado de Assis nos legou, eu repito, porque ele é seu contemporâneo e sucessor imediato e seu leitor paciente. Essa é uma primeira hipótese, apresentada aqui rápida e levianamente, já que não é por completo original – os estudos machadianos têm apontado a relação entre a crítica literária e a produção romanesca do autor desde pelo menos 1910, com a "Advertência" escrita por Mário de Alencar para o volume em que reuniu a crítica de Machado.[6] E é mais do que célebre o comentário feito na *Formação da literatura brasileira*, de Antonio Candido, que aponta Machado de Assis como leitor e continuador da tradição do romance romântico brasileiro:

> Se voltarmos porém as vistas para Machado de Assis, veremos que esse mestre admirável se embebeu meticulosamente da obra dos predecessores. A sua linha evolutiva mostra o escritor altamente consciente, que compreendeu o que havia de certo, de definitivo, na orientação de Macedo para a descrição de costumes, no realismo sadio e colorido de Manuel Antônio, na vocação analítica de José de Alencar. Ele pressupõe a existência dos predecessores, e esta é uma das razões da sua grandeza: numa literatura em que, a cada geração, os melhores recomeçam

---

6. "De um modo consciente e deliberado ele veio a executar na pura ficção a obra para a qual o qualificava excelentemente a feição principal de seu espírito a que estavam subordinadas as faculdades da imaginação e da criação. Em tudo ele ficou sendo o crítico dos outros e de si próprio; e eis porque sua obra foi sempre medida e perfeita." (Alencar, 1955, p. 9).

da capo e só os medíocres continuam o passado, ele aplicou o seu gênio em assimilar, aprofundar, fecundar o legado positivo das experiências anteriores. Este é o segredo da sua independência em relação aos contemporâneos europeus, do seu alheamento às modas literárias de Portugal e França. Esta, a razão de não terem muitos críticos sabido onde classificá-lo. (Candido, 1993, p. 104)[7]

O que diferencia um pouco a minha hipótese das observações de autores tão ilustres é apenas minha aposta em um reaproveitamento crítico que se dá não somente nas releituras *stricto sensu* feitas por Machado das tradições lírica, dramática e romanesca de nosso Romantismo; eu creio que essas mesmas leituras, quando consubstanciadas em artigos críticos escritos para os jornais e revistas da época, ou seja, a crítica literária em si de Machado de Assis, promovem a exposição pública da formação de um leitor privilegiado. Isso, é claro, só faria confirmar a inclinação pedagógica da crítica literária machadiana. Apesar do relativo e progressivo abandono da crítica em si por parte de Machado, houve de fato a consecução, não apenas por meio de sua obra ficcional, de um apostolado crítico, de uma educação estética, de um estabelecimento de cânone a partir dos apontamentos de Machado de Assis – grande protótipo de leitor do nosso XIX.

Mudando um tanto de enfoque, eu encontraria uma segunda hipótese sobre o lugar de Machado de Assis em nossa história literária em um comentário que sempre me parece interessante discutir, de Fausto Cunha, no seu conhecido livro *O Romantismo no Brasil*:

---

7. Sobre a complexa reverberação da presença de Machado de Assis na *Formação*, conferir Maciel (2011, p. 39-50).

A visão que hoje temos da poesia romântica é uma visão deformada pela dominação parnasiana. Só o Modernismo, movimento de base romântica (e que na realidade realizou algumas das reivindicações extremas dos revolucionários de 1830), propiciou, no Brasil, perspectiva menos precária do movimento romântico. A anarquia e a paixão que presidiram sempre à elaboração de nossa história literária são responsáveis por uma série de equívocos de árdua remoção.

No entanto, ao mesmo tempo que alargava o campo de nossa visão, o Modernismo, a exemplo do Parnasianismo, viria impor uma limitação fatal ao Romantismo: a perspectiva modernista é uma perspectiva estética e o Romantismo abrange, em seu campo, numerosos cruzamentos ideológicos. (Cunha, 1971. p. 72-73)

Bem, aí temos uma hipótese, sugerida por Fausto Cunha, sobre uma visão histórica deturpada do Romantismo brasileiro, devido à barreira parnasiana que separa românticos e o século XX. O meu interesse advém do fato de que parnasianos e Machado de Assis também foram contemporâneos, e esse é um momento da poesia brasileira, e da literatura brasileira em geral, bastante confuso, e que desafia qualquer historiador literário a encontrar nomes para cada corrente ou facção literária a que pertenceram os seus autores. Essa é, aliás, uma das metas de Fausto Cunha em seu livro citado, isto é, um melhor conhecimento do momento através da leitura atenta de uma constelação em que se misturam epígonos e os ditos grandes autores dos fins do século XIX.

No entanto, o que fica da citação é a ligação que se estabelece entre Romantismo e Modernismo, este chamado de "movimento de base romântica". Está claro que o Modernismo se insurgiu primeiramente contra a "máquina de fazer versos" parnasiana – daí o retorno à maior liberdade romântica. Mas seria tal ligação motivada apenas pelo espírito de oposição à dureza e aos horizontes estreitos da poesia dominada por um padrão técnico e formal? Ou haveria, no encadeamento entre românticos e modernistas, por sobre a barreira parnasiana, antes um fio de continuidade do que apenas ruptura? Assim passa a ser novamente interessante lembrar Machado de Assis enquanto autor-leitor e crítico literário.

Tudo isso pareceria facilmente questionável se nos ancorássemos apenas na leitura que Machado fez da poesia que era sua contemporânea imediata – me refiro, é claro, ao ensaio "A nova geração". Lá, Machado de Assis parece antes um defensor da boa forma e da propriedade poética que um cultor da herança romântica. Mas temos que aceitar desde já que o Machado poeta e o Machado romancista convivem apesar de suas aparentes diferenças, assim como o crítico inteligente, que aponta falhas e anota os acertos daqueles cuja obra sofre o seu escrutínio. E a abertura de "A nova geração" não deixa dúvidas: os poetas de 1879 seriam descendentes diretos dos românticos, malgrado o seu desprezo pela dita "poesia subjetiva". Ouçamos apenas um pouco do que lá diz Machado:

> A nova geração chasqueia às vezes do Romantismo. Não se pode exigir da extrema juventude a exata ponderação das coisas; não há impor a reflexão ao entusiasmo. De outra sorte, essa geração teria advertido que a extinção de um grande movimento literário não importa a condenação formal e absoluta de tudo o que ele afirmou; alguma coisa entra e fica no pecúlio do espírito humano. Mais do que ninguém, estava ela obrigada a não ver no Romantismo um simples interregno, um brilhante pesadelo, um efeito sem causa, mas alguma coisa mais que, se não deu

tudo o que prometia, deixa quanto basta para legitimá-lo. Morre porque é mortal. (Assis, 1997, p. 810)

Está claro que não preciso nem me alongar demais sobre o assunto: a filiação indicada aí por Machado de Assis refere-se não apenas aos poetas de sua geração e a si mesmo; traça-se claramente o fio histórico e crítico que tento acompanhar ao discutir a possível força de um Machado leitor da literatura brasileira. Contra a periódica extinção de "estilos de época" ou "movimentos literários", denominação à escolha do freguês, Machado propõe continuidades, longas durações que só cessariam com a superação de um estilo no exato momento em que sua herança, internalizada, estabelece, paradoxalmente, a sua permanência na tradição literária – ou no "pecúlio do espírito humano". Dito ainda de outra forma, e em outro lugar, por Machado de Assis, observe-se a expressão "alguma coisa inalterável (...) que fala a todos os homens":

> Que a evolução natural das coisas modifique as feições, a parte externa, ninguém jamais o negará; mas há alguma coisa que liga, através dos séculos, Homero e *Lord* Byron, alguma coisa inalterável, universal e comum, que fala a todos os homens e a todos os tempos. Ninguém o desconhece, decerto, entre as novas vocações; e o esforço empregado em achar e aperfeiçoar a forma não prejudica, nem poderia alterar a parte substancial da poesia, – ou esta não seria o que é e deve ser. (Assis, 1997, p. 914)

O crítico aponta, portanto, para a instituição de uma série literária: não há "extinção" absoluta de um movimento literário, há, antes, a formação de um "pecúlio" estético pela sobreposição dos diferentes momentos de uma série literária. Uma ressalva importante: essa sobreposição não se faz automaticamente, pelo mero acúmulo; necessita do olhar crítico, que escolhe, que compara, que estabelece a continuidade crítica entre as escolas literárias – continuidade que pode se dar pela via da paródia, diga-se de passagem, como bem sabia Machado. A noção de precursor não prevê, de forma alguma, a passividade em sua aceitação: o movimento romântico, visto em "A nova geração" como precursor possível da poesia contemporânea a Machado de Assis, encerra-se devendo ser analisado em suas contribuições, deficiências e, ao mesmo tempo, mortalidade e persistência.

Já o Modernismo brasileiro, em sua primeira fase, "movimento de base romântica", no dizer de Fausto Cunha, só pode sê-lo exatamente porque impõe ao Romantismo "uma limitação fatal": interessa aos modernistas a inventividade e a liberdade formal e estética da obra romântica – os seus "cruzamentos ideológicos", nas primeiras décadas do século XX, sejam quais forem, são diversos daqueles que diziam respeito aos poetas do Oitocentos. Porque continuidade, em literatura, ou seja, na formação de uma tradição entre permanências e rupturas, não se traduz jamais em anacronismo.

Esbocei, portanto, e veja-se que nem saí do esboço, uma outra hipótese de leitura da história literária brasileira pelo viés de Machado de Assis: a instituição de um *continuum*, ou série literária, em nossa história da literatura, já seria visível para o crítico Machado de Assis – leia-se "Instinto de nacionalidade" (1873) e "A nova geração" (1879), para começo de conversa. São textos que ambicionam a visada histórica, o painel de nossa literatura como se apresentava a Machado naquele momento, os anos de 1870. Isso, nem preciso dizer, tem impacto inegável sobre seus romances e contos: tal pressuposição nos leva à conclusão bastante evidente de que a mudança de rumos na ficção machadiana obedece a uma avaliação do terreno literário circundante, entre outras coisas.

O que tentei aqui formular são hipóteses um tanto ou quanto óbvias, mas que permitem idas e vindas ao longo de nossa série literária – o que viremos a chamar, nos séculos XX e XXI, com mais segurança, de literatura brasileira – e dão assunto para a reflexão crítica. Não tenho a menor intenção de esgotar aqui a conversa sobre a validade ou não das duas hipóteses: esse é assunto que depende de maior leitura e de debate contínuo. No entanto, acredito que uma discussão sobre a formação de um cânone literário no Brasil deve atenção redobrada a autores que tenham se pautado por uma atividade crítica como Machado de Assis, não fosse o mesmo já considerado o "centro do cânone" de nossa literatura. Daí sua posição de força e ao mesmo tempo sua fragilidade: quem o colocou nesse lugar, exatamente? Essa é uma outra conversa, está claro: para mim, neste momento, o que interessa é saber quem ele poderia ter levado para o cânone junto consigo, por meio de sua prática crítica e mesmo de sua obra literária. Ele é leitor, em toda a potência da palavra, e é também precursor, no sentido mais amplamente borgiano do termo: influenciou passado, presente e futuro. A resposta sobre sua canonicidade vai ficando cada vez mais óbvia, mas não tão óbvia assim é a ideia de um cânone brasileiro, e muito menos a ideia de centralidade em um cânone brasileiro.

Ao encerrar este comentário, deixo por discutir talvez o seu aspecto mais interessante: Machado de Assis, problema literário complexo, como eu disse na abertura do texto, comprova mais uma vez tal caracterização ao deslocar para a periferia literária, em fins do século XIX, a enormidade de sua força literária. De fato, a mera existência do escritor Machado de Assis é motivo para causar espécie em qualquer sisuda e formal discussão sobre o cânone ocidental. E se deixarmos falar algumas de suas características, muitas vezes escamoteadas pelo próprio autor (e recolocadas ao longo das últimas décadas pelas leituras culturalistas do Machado afrodescendente, Machado abolicionista, Machado feminista etc.), temos em mãos verdadeira dinamite. Pois o centro do cânone da periferia não pode nunca ser igualado ao centro do cânone nos centros literários, e digo isso como uma palavra de ordem da política literária. Torno, portanto, à guisa de fechamento, ao outro trecho de Antonio Candido na *Formação da literatura brasileira* em que ele cita a relação de Machado de Assis com os autores que teria lido e que o teriam influenciado decisivamente:

> Assim, se Swift, Pascal, Schopenhauer, Sterne, a Bíblia ou outras fontes que sejam, podem esclarecer sua visão do homem e sua técnica, só a consciência de sua integração na continuidade da ficção romântica esclarece a natureza do seu romance. O fato de haver presenciado a evolução do gênero desde o começo da carreira de Alencar habilitou-o, com a consciência crítica de que sempre dispôs, a compreendê-lo, avaliar o seu significado e sentir-lhe o amadurecimento. Prezou sempre a tradição romântica brasileira, deu o exemplo de como se faz o aprofundamento das questões locais. Comparadas às descobertas estrepitosas do naturalismo, a sua orgulhosa humildade em face da cultura pátria ilustra bem a verdade do aforismo de Monsieur Teste: 'Trouver n'est rien. Le difficile c'est de s'ajouter ce qu'on trouve'. Graças a ele, a nossa ficção fixou e sublimou os achados modernos dos escritores que passaremos agora a estudar. (Candido, 1993, p. 105)

"Consciência de sua integração na continuidade" mais "consciência crítica de que sempre dispôs" opõem-se aqui, de certa forma, às leituras estrangeiras que teriam sido formadoras da técnica e da visão do homem em Machado de Assis.

Há um certo tom de incômodo indisfarçável e insolúvel aí: é como se Candido indicasse a maior importância das leituras brasileiras para a formação do escritor Machado de Assis, mas não conseguisse negar a presença de uma técnica importada na obra do autor que elogia. O tão decantado universalismo da ficção machadiana estaria assim comprometido pelo desejo nacionalista da leitura de Candido? Pelo meu desejo? Afinal de contas, é Machado de Assis centro do cânone para nós por sua capacidade de organizar a literatura brasileira – força literária – ou por sua capacidade de estar ao mesmo tempo dentro e fora da literatura brasileira? Eu vou me negar – pelo menos por enquanto – a responder a essa questão, pois não começo nem a vislumbrar sua resposta.

Referências:

ALENCAR, Mário de. "Advertência". In: ASSIS, Machado de. *Crítica literária*. Rio de Janeiro, São Paulo, Porto Alegre: W. M. Jackson Inc., 1955.

ASSIS, Machado de. *Obra completa*. Vol. III. Rio de Janeiro: Nova Aguilar, 1997.

ASSIS, Machado de. *Crítica literária e textos diversos*. Org. Sílvia M. Azevedo, Adriana Dusilek, Daniela M. Callipo. São Paulo: Editora Unesp, 2013.

BAPTISTA, Abel Barros. *A formação do nome*: duas interrogações sobre Machado de Assis. Campinas: Editora da Unicamp, 2003.

CANDIDO, Antonio. *Formação da literatura brasileira*. V. II. Belo Horizonte/Rio de Janeiro: Itatiaia, 1993.

CASTELLO, José Aderaldo. *Realidade e ilusão em Machado de Assis*. Cotia, SP: Ateliê Editorial, 2008.

_____. Ideário crítico de Machado de Assis (Breve contribuição para o estudo de sua obra). In: *Machado de Assis em linha*, v. 6, n. 12, dezembro 2013, p. 01-14. Disponível em <http://machadodeassis.net/download/numero12/artigo01.pdf>.

CUNHA, Fausto. *O Romantismo no Brasil*. Rio de Janeiro: Paz e Terra, 1971.

JOBIM, José Luís. "Machado de Assis: o crítico como romancista". In: CORDEIRO, R.; WERKEMA, A. S.; SOARES, C. C.; AMARAL, S. A. P. *A crítica literária brasileira em perspectiva*. Cotia, SP: Ateliê Editorial, 2013.

LUZ, Eduardo. *O quebra-nozes de Machado de Assis:* crítica e nacionalismo. Fortaleza: Edições UFC, 2012.

MACIEL, Emílio. Fundamento-Abismo: Machado de Assis na *Formação da literatura brasileira*. *O Eixo e a Roda*: revista de literatura brasileira, v. 20, n. 1, jan.-jun./2011, p. 39-50.

SCHWARZ, Roberto. *Ao vencedor as batatas*: forma literária e processo social nos inícios do romance brasileiro. São Paulo: Duas Cidades; Ed. 34, 2000.

ZILBERMAN, Regina. *Brás Cubas autor Machado de Assis leitor*. Ponta Grossa: Editora UEPG, 2012.

Tolerância e universalismo na crítica literária de Machado de Assis

Eu começo reproduzindo uma observação de José Aderaldo Castello (2008, p. 32) sobre a crítica literária machadiana: "Surpreendemos, assim, no pensamento crítico de Machado de Assis, observações fundamentais para a interpretação da sua própria obra. Destacadamente, reflexões sobre estilos literários, sobre ficção ou sobre a linguagem, entre tantas outras". O comentário vem a calhar para a hipótese que está no fundo deste rápido exame da crítica machadiana, mesmo que de viés: a hipótese de que o olhar do Machado de Assis crítico sobre os estilos de época que analisou, e com os quais literalmente conviveu, foi fundamental para a formação de um não-estilo, de uma forma própria e atemporal em sua obra romanesca. Continua Castello (2008, p. 32): "Nesse sentido, um dos pontos mais altos da crítica machadiana são as considerações que ele faz sobre as relações do escritor com o momento, com a escola ou o estilo literário predominante, ao mesmo tempo que se colocam em evidência as ligações da obra de arte com a vida". O momento em que Machado de Assis exerceu a crítica literária (estabeleço em aproximado as décadas de 1860 e 1870) coloca-o estrategicamente entre o Romantismo que perdurava ainda, os parnasianos, decadentistas e "baudelairianos" que começam a transformar os paradigmas poéticos do fim do século, e a ficção de cunho realista/naturalista que vem, por um lado, continuar, e, por outro, se opor ao projeto vitorioso do romance alencariano, todos esses movimentos literários observados com atenção pelo jovem crítico Machado de Assis. Além do mais, o passado clássico, tesouro de que todo o Ocidente tem o seu quinhão, nunca é perdido de vista por nosso escritor. O apelo à tolerância para com os diferentes estilos literários, expresso algumas vezes nos escritos críticos de Machado de Assis, demonstra mais do que apenas o cuidado em agradar a gregos e troianos: demonstra uma preocupação ininterrupta em ver uma obra para além de seu enquadramento imediato em uma escola – para além de seu cerceamento por uma norma, por um modo estabelecido de fazer. Importa a Machado buscar um ponto de contato entre obras, ponto esse que não se prende só ao seu momento de produção, mas responde, antes de tudo, a uma "passagem do bastão" literário, continuidade de uma tradição que se forma – dado universal – concomitante à descontinuidade formal que se chama propriamente uma evolução,[1] local e temporal, de modos de fazer sucessivos ao longo das séries literárias. Conclui, portanto, José Aderaldo Castello (2008, p. 32): "A base do pensamento do crítico repousa na valorização da herança espiritual que é sempre transmitida a cada geração que se sucede, como legado

[1]. Conferir Schwarz (2006, p. 170), no entanto: "Uma impressionante pesquisa e invenção de formas nacionalmente autênticas acompanha-se da afirmação irônica (e enfática) de sua arbitrariedade. O romance de Machado participa da edificação da literatura brasileira, e também da destruição de formas a que as vanguardas em toda parte começavam a se dedicar, como parte da crise geral da cultura burguesa que se anunciava."

de conquista de valores que não podem ser desprezados ou ignorados."

Machado de Assis defende um valor único, "expressão da alma humana", encontrado em toda grande obra literária, e é esse valor que a define enquanto obra literária no correr do tempo:

> Que a evolução natural das coisas modifique as feições, a parte externa, ninguém jamais o negará; mas há alguma coisa que liga, através dos séculos, Homero e *Lord* Byron, alguma coisa inalterável, universal e comum, que fala a todos os homens e a todos os tempos. Ninguém o desconhece, decerto, entre as novas vocações; e o esforço empregado em achar e aperfeiçoar a forma não prejudica, nem poderia alterar a parte substancial da poesia, – ou esta não seria o que é e deve ser. (Assis, 1997, p. 914)

Se tal movimento tem algo de clássico, na medida em que estabelece um valor universal para a obra literária, ele é, ao mesmo tempo, arraigadamente anticlassicista, em sua recusa da norma estilística como índice que ateste a legitimidade da obra em seu tempo. Anticlassicista na medida em que percebe na simplificação das artes poéticas em estilos de época um entrave para o exercício da tolerância crítica, Machado de Assis prega a atemporalidade e a universalidade enquanto valores próprios a uma obra de arte literária. Sugere-se o abandono da compreensão da obra literária enquanto produto integrado sem atritos ao seu momento de produção ou ao seu correspondente estilo de época. Imbricam-se assim, portanto, o exercício da leitura conscienciosa e solícita preconizada por Machado já em seu "O ideal do crítico", de 1865, e o pendor universalista da escrita de Machado de Assis, em seus anseios enquanto leitor, e crítico, da própria literatura brasileira.

Eu gostaria então de examinar, em um sobrevoo, os dois aspectos anunciados no título deste artigo: a tolerância e o universalismo presentes na crítica literária machadiana. E o faço, é claro, tendo em vista não só a aplicação desses princípios à própria obra romanesca de Machado de Assis, mas também a sua compreensão histórica e crítica da literatura brasileira, expressa em seus textos críticos dos anos 60 e 70. No já citado "O ideal do crítico", espécie de roteiro a ser seguido por um crítico literário imparcial e "científico", figura já um pedido pela abertura aos modos diferentes de fazer literatura:

> É preciso que o crítico seja tolerante, mesmo no terreno das diferenças de escola: se as preferências do crítico são pela escola romântica, cumpre não condenar, só por isso, as obras-primas que a tradição clássica nos legou, nem as obras meditadas que a musa moderna inspira; do mesmo modo devem os clássicos fazer justiça às boas obras dos românticos e dos realistas, tão inteira justiça, como estes devem fazer às boas obras daqueles. (Assis, 1997, p. 800)

Além do óbvio apelo por uma crítica não-impressionista e liberta de possíveis preconceitos estilísticos, apura-se, no trecho citado, a preocupação historicista com a passagem das escolas literárias: clássicos, românticos e realistas opõem-se também porque se sucedem no tempo. Há que se retirar daí, no entanto, algo de comum, uma vez que o gosto do crítico pode permanecer clássico enquanto lê um autor romântico e vice-versa. Infere-se, assim, a sincronia estabelecida pelo olhar do crítico, ao fazer conviver, em suas resenhas e avaliações, obras de temporalidades díspares. Ora, o gosto do crítico se identifica, por razões óbvias, com o movimento de formação de uma tradição literária, local ou mesmo individual. Em "A nova geração", texto no qual examina a poesia de seus contemporâneos, publicado quatorze anos depois de "O ideal do crítico", Machado continua a demonstrar a sua preocupação com o fim das escolas literárias e a continuidade de suas descobertas e contribuições para uma literatura dada:

> A nova geração chasqueia às vezes do Romantismo. Não se pode exigir da extrema juventude a exata ponderação das coisas; não há impor a reflexão ao entusiasmo. De outra sorte, essa geração teria advertido que a extinção de um grande movimento literário não importa a condenação formal e absoluta de tudo o que ele afirmou; alguma coisa entra e fica no pecúlio do espírito humano. (Assis, 1997, p. 810)

O crítico aponta para a instituição de uma série literária: não há "extinção" absoluta de um movimento literário, há, antes, a formação de um "pecúlio" estético pela sobreposição dos diferentes momentos de uma série literária. Essa sobreposição não é automática, cumulativa, antes, necessita do olhar crítico, que escolhe, que compara, que estabelece a "continuidade crítica" (Baptista, 2003, p. 88) entre as escolas literárias. O movimento romântico, visto em "A nova geração" como precursor possível da poesia contemporânea a Machado de Assis, encerra-se e permanece, persiste enquanto referência, na dialética da tradição que atravessa toda e qualquer história da arte.

O "pecúlio do espírito humano" remete-nos de imediato a "alguma coisa inalterável, universal e comum, que fala a todos os homens e a todos os tempos" (Assis, 1997, p. 914) já aqui citada. A riqueza de uma literatura, no caso a brasileira entre todas as outras, mede-se pela persistência em meio a uma possível evolução das formas, "é preciso que lhe deem outra roupagem e diferentes cores; é precisa outra evolução literária" (*ibid.*, p. 915); ou "a poesia não é, não pode ser eterna repetição; está dito e redito que ao período espontâneo e original sucede a fase da convenção e do processo técnico, e é então que a poesia, necessidade virtual do homem, forceja por quebrar o molde e substituí-lo" (*ibid.*, p. 810). Passemos, portanto, da tolerância crítica, que acaba por mostrar-se como uma obrigatoriedade para todos aqueles críticos que se importam com a formação e a consolidação de uma literatura, para a questão da universalidade do valor literário.

A questão é fundamental para se compreender o posicionamento de Machado em relação a temas como a originalidade, reivindicação que ele, como crítico, está sempre a fazer frente aos textos que analisa, e a sua contrapartida aparente, o universalismo literário. José Aderaldo Castello nos conduz ao âmbito do problema:

> O crítico reconhece, implicitamente, a necessidade da substituição das teorias e formas literárias. São mudanças inevitáveis que exprimem, em condicionamentos novos, os ideais ou o espírito de cada época. Mas cada momento oferece ou pode oferecer os seus grandes modelos, como afirmações de originalidade criadora, que se fazem permanentes. Não se deixando limitar pelo aprisionamento ao presente nem desprezando os contatos com o passado, eles se projetam no futuro, com o vigor de valores sempre atuais. Renovam-se, porque harmonizam a experiência transmitida com a originalidade fecunda. (Castello, 2008, p. 33)

A demanda por originalidade, num contexto de fim de Romantismo, e numa literatura como a brasileira, adquire tonalidades não só políticas, digamos assim, mas remete-nos novamente à questão do universal literário. Tento me explicar: não se trata, para o Machado de Assis crítico, de escolher entre uma literatura nacionalista ou universalista, como cobrou toda uma tradição de leitores de sua obra romanesca. A necessidade de se procurar alguma originalidade na produção literária brasileira prende-se a uma necessidade ainda mais premente de autonomização cultural – e isso se dará, é óbvio, pelo domínio e pelo uso de uma tradição literária comum, universal. O aparente paradoxo é falso: o dito universalismo de Machado, já em sua juventude como crítico literário, é um índice de suas preocupações em relação à consolidação de uma literatura brasileira.

Está claro que me aproximo aqui do célebre "Instinto de nacionalidade", de 1873. Retomando uma proposição feita no início dessa comunicação, é fácil enxergar nesse texto um modo de se inscrever, à sua maneira, a seu modo original, entre os autores da literatura brasileira. Já comentara Abel Barros Baptista (2003, p. 42) acerca do ensaio citado:

> Trata-se de estudá-lo, não na perspectiva de um episódio de origem, projetando luz sobre toda a sua obra, como se fosse um projeto alternativo, mas como episódio em que Machado procura delimitar um estatuto para a sua assinatura resistindo à lei nacional. É o momento em que a reflexão machadiana sobre a questão da nacionalidade literária desarticula a retórica solidária do projeto nacional legado pelo romantismo, quebrando o laço entre a realidade brasileira entendida como realidade fundadora e a literatura, demarcando-se, em consequência, não apenas do projeto nacional, mas de todo o projeto em literatura: o episódio brasileiro do nome de Machado é o momento em que, para se erguer acima do quadro literário nacional, Machado lança a indeterminação sobre o esforço de construção de uma literatura nacional.

Somos induzidos, a partir da leitura do trecho de Baptista, e talvez à revelia da vontade do crítico, a averiguar o modo como Machado de Assis inscreve paradoxalmente seu nome na história da literatura brasileira: contra qualquer prescrição nacionalista, Machado não opera pela negação de tais prescrições nacionalistas. Opera, antes, pela sugestão de uma outra força na condução dos destinos literários, isto é, pela literatura em si. Discordo um pouco mais do crítico português, além disso, porque vejo nesse movimento ainda uma forma de contribuir para a construção de uma literatura nacional. E essa forma se prende à negação de valores facilmente encontráveis na superfície das obras, ou seja, na caracterização exclusiva da literatura brasileira por seus ademanes nacionalistas e/ou indianistas. O "certo sentimento íntimo" que se exige de um escritor é uma forma de indeterminação que, não podemos esquecer, prescreve que esse mesmo autor se torne "homem de seu tempo e do seu país, ainda quando trate de assuntos remotos no tempo e no espaço" (Assis, 1997, p. 804). Enfim, haveria maneiras diferentes de contribuir para um projeto literário, maneiras que iriam além do traço específico. A indeterminação conduziria o debate mais uma vez para o campo propriamente literário.

    O trecho do ensaio que me interessa ainda mais, no entanto, é o seu pedido por um cuidado, que mistura tolerância e universalismo contra o empobrecimento possível de uma literatura já de si tênue e rarefeita: "Não há dúvida que uma literatura, sobretudo uma literatura nascente, deve principalmente alimentar-se dos assuntos que lhe oferece a sua região; mas não estabeleçamos doutrinas tão absolutas que a empobreçam" (Assis, 1997, p. 804).

    Como base para sua obra ficcional, a crítica literária de Machado de Assis aponta para caminhos bastante promissores: ao evitar marcas impostas de fora para dentro, como cacoetes de escolas, modismos literários ou imposições nacionalistas ligadas a um projeto inteiramente extraliterário, a obra de Machado adquiriu o seu caráter "inespecífico". Nem é preciso notar o alcance universalista de tal conformação. Resta apenas lembrar o outro lado da moeda machadiana: fincada em sua aparente neutralidade e em seu antirrealismo, a ficção de Machado de Assis seria a mais potente representação de um Brasil oitocentista em seus percalços de fim de século. Há que se buscar no tecido literário, sempre flexível, as respostas para o enigma machadiano.

Referências

ASSIS, Machado de. *Obra completa*. Vol. III. Rio de Janeiro: Nova Aguilar, 1997.

BAPTISTA, Abel Barros. *A formação do nome* – Duas interrogações sobre Machado de Assis. Campinas: Ed. da UNICAMP, 2003.

CANDIDO, Antonio. *Formação da literatura brasileira*. Vol. II. Belo Horizonte/Rio de Janeiro: Itatiaia, 1993.

CASTELLO, José Aderaldo. *Realidade e ilusão em Machado de Assis*. Cotia, SP: Ateliê Editorial, 2008.

SCHWARZ, Roberto. "Duas notas sobre Machado de Assis". In: *Que horas são?* São Paulo: Cia. das Letras, 2006.

O falso Romantismo dos primeiros romances de Machado de Assis

É bom lembrar que o termo "primeira fase", para se referir aos quatro primeiros romances de Machado de Assis, não é mera invenção da crítica e da história literária, sendo antes usada pelo próprio autor na Advertência que escreveu para a nova edição do romance *Ressurreição*, feita em 1905.[1] Isso demonstra uma consciência clara de mudanças no modo de escrever e de conceber a obra literária; no caso específico, é a percepção de que, em algum momento, a sua maneira de escrever romances mudou – qualitativamente, nos dois sentidos possíveis da palavra, de tipologia e de valor.

Isso não quer dizer, no entanto, que possamos imediatamente passar a definir as duas fases da ficção machadiana como "fase romântica" e "fase realista", no que estaríamos desconhecendo a própria ojeriza machadiana aos estilos de época enquanto definidores de um modo de escrever específico, a partir de ditames estabelecidos por uma tradição estranha às questões que diziam respeito ao seu próprio projeto enquanto ficcionista, e, por fim, romancista. Obviamente,

---

1. "Como outros que vieram depois, e alguns contos e novelas de então, pertence à primeira fase da minha vida literária." (Assis, 1997, p. 116).

Machado segue um certo caminho, está atento a certas questões que falam à literatura brasileira, ao movimento da literatura ocidental, por assim dizer, e às suas próprias idiossincrasias enquanto autor brasileiro em fins do século XIX, inícios do XX, com o acesso possível que tinha às leituras compartilhadas àquela altura do campeonato. Toda essa somatória tem que ser levada em consideração para que tenhamos uma imagem um pouco mais nítida do escritor de que tratamos – um bom exemplo daquilo que logo será chamado de escritor-crítico. E crítico na medida em que aproveita o material que se lhe apresenta da maneira como lhe parece melhor, como matéria plástica, moldável, própria para a experimentação, parte fundamental da trajetória de qualquer autor, embora tendamos a ignorar os erros – ou classificá-los sob outra etiqueta, como, por exemplo, "fase romântica" – e levar em conta apenas os acertos no trajeto de construção de escritores consagrados como se tornou nosso Machado de Assis.

O termo "fase romântica", porém, continua a ser um problema historiográfico pertinente, devido à frequência com que comparece em manuais de história da literatura, livros didáticos para o ensino da literatura brasileira, edições da própria obra de Machado. Vou deixar em suspenso aqui a discussão sobre o termo "fase realista", igualmente problemático, mas com questões peculiares, diversas daquelas que me interessa abordar neste momento, que dizem respeito a um processo formativo do escritor que veio a se tornar Machado de Assis.

Eu já toquei na questão da relação de Machado de Assis com o Romantismo mais de uma vez,[2] e acho que a porta de

---

2. Conferir neste mesmo livro os capítulos "Machado de Assis leitor dos românticos" e "A formação de um cânone para o século XIX brasileiro: a força de Machado de Assis".

entrada é sempre a crítica literária, exercida por Machado de Assis na sua chamada juventude, mais ou menos de 1858 a 1880; os vários artigos críticos, resenhas, comentários feitos sobre livros ainda na esfera do Romantismo brasileiro mostram em Machado um leitor atentíssimo ao que se escrevera no período literário que lhe fora, ao mesmo tempo, imediatamente anterior e contemporâneo. Principalmente na década de 1860, Machado se dedicou a escrever sobre alguns de nossos autores românticos. Isto é importante, pois a datação historiográfica de nosso Romantismo tardio marca o seu fim entre nós na década seguinte, perto da morte de Castro Alves: teríamos assim um leitor contemporâneo. E os quatro primeiros romances de Machado são todos da década de 1870, o que revela proximidade temporal, e, claro, aproveitamento de leitura crítica evidentemente retrabalhada e reaplicada ao gênero no qual Machado fazia sua estreia: o romance urbano, o romance de "situação" e de "caracteres", como avisa o autor na Advertência à primeira edição de *Ressurreição* (Assis, 1997, p. 116), em 1872.

O uso do termo "fase romântica", para caracterizar o conjunto dos quatro primeiros romances de Machado de Assis, incorreria ao menos em meio equívoco, pois se há elementos românticos nesses romances, eles teriam de ser avaliados de acordo com o seu uso: creio que só poderiam ser chamados de "românticos" na medida em que são "estudos" do romance romântico – ou da escrita romântica em seus diversos gêneros. Estudos atentos, que têm na leitura das obras do Romantismo brasileiro e do Romantismo em geral a sua fase de pesquisa e de aquisição de repertório; e as resenhas e ou leituras críticas de obras de nosso movimento romântico configuram um exame sério da tradição que se formava na literatura brasileira. Há claramente um uso paródico na construção de personagens e de situações romanescas; há ironia na inversão de valores do mundo burguês ali retratado; há, enfim, o desvestimento do procedimento de idealização que é próprio do romance romântico, e que pode ser observado bem de perto, por exemplo, no romance de José de Alencar – um dos modelos incontornáveis de Machado de Assis. A passagem por Alencar presta contas da maneira como os modelos do romance europeu adaptavam-se entre nós: era preciso conhecer, e conhecer bem, para inverter, desconstruir, ou melhor, posto que o termo é muito carregado de sentidos anacrônicos, propor formas alternativas, novas, de fabricar um romance oitocentista, burguês, sim, mas brasileiro, na medida em que escrito do ponto de vista desse autor que é necessariamente diverso, armado, parodista por natureza, incapaz de não deixar marcas em tudo aquilo que toca:

> Esse neto de escravos alforriados, portanto também a partir de uma posição periférica, soube examinar como ninguém o 'tamanho da sociedade fluminense', talvez por conhecer bem o tratamento que a classe dominante dispensava aos debaixo. Na sua obra madura, conforme demonstrou Roberto Schwarz, lançará mão do ponto de vista dos senhores para tratar da matéria local e subverter, nesse passo, as convenções do grande romance europeu. Contudo, mesmo nos primeiros romances, Machado arma um ponto de vista que desconstrói, em chave irônica, os temas preferenciais do romance romântico, subvertendo a idealização e os estereótipos que se costumam associar a ele. (Vasconcelos, 2014)

Percebo que os termos que procuro já têm sido utilizados para tratar de um certo tom que marca os primeiros romances de Machado de Assis: seriam romances irônicos, paródicos; ou, por outro lado, "deliberada e desagradavelmente conformistas", "enjoativos e abafados" (Schwarz, 2000, p. 83 e 87). Roberto Schwarz (*ibid.*, p. 85) aponta o aspecto antiliberal, conformado e antirromântico dos romances na medida em que abandonariam as "generalizações libertárias, próprias do individualismo romântico", que, diga-se de passagem, nunca frequentou muito nosso romance romântico por razões histórico-políticas que são bem nossas conhecidas. Mas eu me pergunto se a ausência de problematizações de ordem social, que pode ser lida à flor do texto em romances como *A mão e a luva* ou *Iaiá Garcia*, por exemplo, não seria algo no mínimo questionável se passamos a encará-los enquanto duplos críticos de gêneros, ou melhor, subgêneros do romance romântico. Eu passaria a usar desde já o termo "romance de casamento", por exemplo – e aqui eu peço licença para ser bastante livre em minhas conjecturas, uma vez que estamos no domínio do ensaio, das suposições.

Obviamente, o objetivo a ser alcançado no enredo dos dois romances citados é o casamento das protagonistas, Guiomar e Iaiá, que têm pretensões acima de sua classe social de origem. Tal casamento envolve, portanto, veleidades de ordem econômica que não são encobertas em momento algum nos romances. Trata-se, aliás, de algo fundamental na vida das personagens, pois, apesar da respeitabilidade da origem, há também aí um traço de modéstia, o que poderia levar as mulheres não casadas, ou mal casadas, em tal situação, ao trabalho remunerado, fora da esfera doméstica, que é bem exemplificado, a título de contraste e exemplo, com o caso de Estela, no último dos romances da "primeira fase", o amargo *Iaiá Garcia*. Estela, que parte para o norte de São Paulo, onde vai dirigir um estabelecimento de educação, prefere o isolamento e o trabalho a continuar vivendo na órbita da situação um tanto ou quanto equívoca do casamento de Jorge e Iaiá. Equívoca na medida em que se trata de reincidência de Jorge em seu envolvimento com moças de classe inferior à sua – e, dessa vez, sua mãe não está mais viva para evitar o casamento e o consequente rebaixamento de seu nome e situação social. Estela escolhe, antes de tudo, não depender: é uma escolha radical, até mesmo politicamente falando, e não deve ser subestimada no quadro geral do romance, que parece, por seu título, centrar o foco na filha de Luís Garcia. Não é verdade, convenhamos: o drama de Valéria, Estela e Jorge precede os possíveis desencontros amorosos entre Iaiá e seu noivo, e o incômodo da presença de Estela será uma questão a ser resolvida literalmente até a última linha do romance, a famosa: "Alguma coisa escapa ao naufrágio das ilusões" (Assis, 1997, p. 509), que alude ao respeito e ao afeto demonstrados por Estela ao seu falecido marido, Luís Garcia. Sobre Estela, diz ainda o narrador: "Estela fechou os olhos para não ver o pai. Nem esse amparo lhe ficava na solidão. Compreendeu que devia contar só consigo, e encarou serenamente o futuro (Assis, 1997, p. 508). Voltando aos termos usados por Roberto Schwarz, eu poderia entender a postura de Estela como resignada ou conformista?[3] Ou o conformismo estaria no casamento de Jorge e Iaiá, na sua aceitação tácita pela narrativa, que não discute o comportamento dos personagens nem problematiza as consequências de certas escolhas, como a da mãe que envia o filho à guerra para que ele não se case com moça pobre?

---

3. Roberto Schwarz (2000, p. 228-229) não entende a escolha de Estela pelo trabalho como uma saída da esfera do paternalismo: não haveria ao menos menção à palavra salário, ou ao trabalho pago. O "problema de dignidade" que assim se resolve seria ainda um aspecto da estrutura paternalista da sociedade brasileira retratada no romance. Lembremos apenas que no Brasil do século XIX não há efetivamente nenhuma possibilidade de saída da estrutura paternalista de nossa sociedade.

A escolha de Estela pelo afastamento, pela autossuficiência e pela consequente diminuição frente a uma certa elite oitocentista que associa trabalho e escravidão, em favor da consideração por si mesma, fundada no horror à dependência, é evidente quebra com certo código do romance romântico brasileiro, que nega qualquer possibilidade de se juntar protagonistas e trabalho sério – mesmo os heróis alencarianos têm em geral atividades de capitalistas, são herdeiros, vivem de rendas. Nas poucas exceções, exercem alguma profissão prevista (advogado ou médico, por motivos históricos) na juventude, deixando de trabalhar assim que possível. Profissão para mulheres? O exemplo é Lúcia, cortesã, prostituta, o que fecha a discussão por falta de argumentos que digam respeito ao livre arbítrio. Estela, no romance de Machado de Assis, ao decidir trabalhar com educação, fora de casa, remete aos romances ingleses, em que muitas de suas heroínas trabalham pelo menos em parte de sua vida, sejam salvas pelo casamento ou por herança inesperada, os recursos mais comuns no modelo que procuro caracterizar aqui por semelhança – o "romance de casamento", visível desde Jane Austen até Charlotte Brontë, por exemplo.

Há grandes diferenças nos romances dos autores citados até aqui; há, inclusive, diferenças entre romances do mesmo autor, como *A mão e a luva* e *Iaiá Garcia*; Guiomar, protagonista do segundo romance de Machado, encara a possibilidade do trabalho remunerado como vergonhosa:

> [...] mas a cada qual cabe uma obrigação, que se deve cumprir. A minha é... ganhar o pão.
> Estas últimas palavras passaram-lhe pelos lábios como que à força. O rubor subiu-lhe às faces; dissera-se que a alma cobria o rosto de vergonha. (Assis, 1997, p. 217)

Está aí também o caso exemplar de Mrs. Oswald, a governanta inglesa, caracterizada por Guiomar como "inferior e mercenária" (Assis, 1997, p. 222). Aparentemente, concorda-se, assim, com o ponto de vista do romance romântico, ao preferir evitar o contato da moça casadoira e/ou em situação romanesca com o trabalho (caso também das personagens Iaiá e Helena), a não ser em situações extremas de necessidade. Mas, mesmo em *A mão e a luva*, temos a exposição dos nervos da situação-limite da personagem-dependente, a agregada, figura central na galeria ficcional machadiana, dado que este romance, especificamente, trata tão-somente da escolha que Guiomar faz do noivo que melhor atenda aos seus anseios, ou, para dizer com os termos usados no livro, às suas ambições. E ela o faz por méritos próprios, por ser capaz de fazê-lo, aliando beleza, inteligência e domínio de situação. É difícil caracterizar Guiomar como heroína de romance romântico, lugar de onde ela tira, porém, inegavelmente, muitas de suas características fundamentais: seu orgulho extremado, sua nobreza de caráter, sua suscetibilidade refinada. E sua ambição desmedida, ligada diretamente à classe social, que podemos trocar em miúdos e chamar de dinheiro, é uma reversão de personagem altamente idealizada como Aurélia, de *Senhora*, de José de Alencar, herdeira de grande fortuna que compra um marido para humilhá-lo e vingar-se de seu desprezo por sua anterior pobreza, mas não pode sofrer o contato com o dinheiro em si. A conspurcação que envolve a compra e o pagamento da promissória deve ser expiada pelo trabalho e pelas provas de amor que ela e Fernando Seixas têm de pagar antes de alcançar a felicidade no casamento.

Guiomar, ambiciosa e pragmática, e assim caracterizada pelo narrador e por seu par amoroso no romance ("Não há dúvida; é uma ambiciosa" [Assis, 1997, p. 241], diz Luís Alves), poderia ser caracterizada como personagem paródica, dentro de romance de estrutura paródica – paródia de um subgênero romântico que eu estou chamando de "romance de casamento". E paródia no sentido da ironia formal, que trabalha com o aspecto estrutural da obra parodiada, que revisita, inverte, reaproveita e retrabalha o material original. Assim, também *Iaiá Garcia* revisita o "romance de casamento" em grande medida, e o faz de maneira ainda mais acentuadamente crítica. Isso se torna possível a partir do momento em que reconhecemos um subgênero do romance romântico cuja estrutura está montada em torno da ideia do casamento da protagonista enquanto resolução não apenas da sua questão existencial, social, sentimental, mas também do aspecto formal, da estrutura romanesca em si, como cerne da ideia de uma categoria de romance com suas próprias leis e sua sequência particular de eventos possíveis.[4]

É claro que minha presente leitura de um subgênero do romance romântico a que eu chamo de "romance de casamento" advém, antes de tudo, da admissão das relações entre forma literária e processos sociais no Brasil do século XIX – mas, por outro lado, não me parece que a leitura dos primeiros romances de Machado de Assis feita por Roberto Schwarz seja a definitiva para o ponto de vista que tento assumir nesse momento. Eu diria mesmo que sua leitura dos romances, em *Ao vencedor as batatas* (cf. Schwarz, 2000, p. 81-231), é bastante reducionista e não permite uma apreciação da forma em si como o aspecto fundamental do trabalho machadiano, o que vai se fazer central em seu posterior estudo sobre *Memórias póstumas de Brás Cubas*. É claro que Schwarz

---

4. Cf. a hipótese de que as formas mais codificadas são as que acarretam maior número de repetições, inclusive parodísticas, em Jenny (1979, p. 10-11).

explora as relações entre os romances e a estética romântica, apontando com muita agudeza que a própria prosa de Machado desmente o tempo todo a idealização do romance romântico, invertendo uma das marcas definidoras do Romantismo pela inadequação entre dados locais e construções sentimentais "importadas": "Assim o desmentido que a realidade inflige às apreciações românticas veio a ser um elemento formal, algo como um timbre de prosa" (Schwarz, 2000, p. 98). Em *A mão e a luva*, o ridículo romântico byroniano é caricaturado ao extremo na figura patética de Estevão, apaixonado por Guiomar que não resiste aos apelos de um sentimentalismo barato e inconsequente, para desagrado da heroína. No entanto, o traço que mais me interessa não é a superfície mais óbvia da paródia, e sim o seu difícil movimento, espécie de caminho quase imperceptível sobre o fio da navalha, em suas costuras invisíveis a olho nu sobre a forma do romance romântico de matriz realista que fora importado da Europa e que se aclimatara de diferentes maneiras entre nós nas décadas precedentes, sendo que modelos e adaptações foram lidos ao mesmo tempo por Machado de Assis, na sua busca por uma forma viável para um romance brasileiro. Assim, não é difícil afinal compreender por que o romance inicial de Machado pôde ser tachado de romance romântico: ele o é, em certa medida – é um romance escrito dentro dos gêneros do Romantismo. Examinemos, agora, o que fazer com essa constatação.

A grande dificuldade estaria exatamente aí: como diferenciar o que é em si representante original de um dado gênero e o que é texto parodístico que investe contra o mesmo gênero? O primeiro problema reside no fato de que não é fácil encontrar gênero puro num texto de fato – a maior parte dos romances que eu poderia citar como matrizes do "romance de casamento" traz as marcas da ironia e da paródia, vide a obra de

Jane Austen, arquétipo de ambas as coisas ao mesmo tempo, romance que se resolve pelo casamento e romance irônico. No caso dos romances de Machado aqui tratados, temos situações que se resolvem ou não pelo casamento, valores que envolvem a família, os princípios da boa sociedade, a questão da dependência, as diferenças de classe social. Tudo isso é matéria do romance romântico; mudaria apenas o ponto de vista, ou, como diz Roberto Schwarz, a qualidade da prosa que envolve e apresenta esses valores? Esta é uma diferença inegável, acrescida, eu diria, da forma descarnada que busca no arquitexto, no gênero, a matriz com a qual entra em trabalho intertextual – não especificamente exemplos unitários de romances, mas modelos, padrões, modos de fazer que podem ser internalizados pelo autor-crítico, que deles se apropria enquanto portadores de um sentido que será consequentemente modificado quando tiverem suas estruturas reescritas pela paródia (cf. Jenny, 1979, p. 16-19).

Eu pareceria, assim, estar saindo do âmbito da determinação social – dialética – da forma e enveredando por uma teoria da pura intertextualidade. Mas não necessariamente. Faço certa questão de manter os pés nas teorias do romance que partem ainda da visada histórica e sociológica porque assim parece pedir o processo do romance entre nós. O caso de Machado de Assis é paradigmático da mudança que se operou ao longo de todo o nosso século XIX na forma do romance, que chegou entre nós tardiamente e sofreu várias e rápidas adaptações nas mãos de autores criativos e capazes de um olhar enviesado para a tradição que recebiam, como Macedo (sim!) e Alencar. A chamada "primeira fase" de Machado é passo fundamental nas mudanças do gênero literário na cena brasileira, que saía do Romantismo e começava a pensar o romance em termos, por um lado, das adaptações do Naturalismo zolaísta, por outro, das possibilidades forjadas a partir dos possíveis aproveitamentos intertextuais do romance que já se fizera até então entre nós à luz da contemporaneidade. Pela primeira vez em nossa história literária, portanto, uma tradição interna concorre com a externa como modelo para o romance brasileiro. E há que se levar em consideração também as mudanças operadas na sociedade brasileira, ao longo das décadas que separam *O guarani* (1857) e *Helena* (1876) – e as expectativas relacionadas ao papel da literatura brasileira dentro da construção da nacionalidade, vide todo o debate feito em torno de textos como "Instinto de nacionalidade", que não pretendo retomar aqui. Evidencia-se que Machado de Assis tem consciência de que seu papel como escritor mudou: sua missão como artífice da literatura brasileira não se prende à confecção do romance nativista; mas, por outro lado, há evidente preocupação com a atualização de gêneros, com a discussão crítica de tradições e com a criação e/ou perpetuação de uma série literária.

Eu não teria muito mais o que dizer nesse momento, ou teria demais a dizer: lembro ao leitor que pedi licença para ser um pouco abusiva em minhas conjecturas. Mas gostaria de terminar o comentário voltando ainda ao texto que está aqui como pano de fundo para minhas considerações e que é, evidentemente, o capítulo de Roberto Schwarz,[5] diálogo aliás que já tentei entabular,[6] quando discuti a leitura do crítico sobre *Senhora*, de José de Alencar, leitura[7] que consta do mesmo livro no qual ele lê os primeiros romances de Machado

---

5. Cap. III. O paternalismo e sua racionalização nos primeiros romances de Machado de Assis (*in* Schwarz, 2000, p. 81-231).
6. Conferir, neste mesmo livro, o capítulo "Forma inexata: Roberto Schwarz lê o romance de José de Alencar".
7. Cap. II. A importação do romance e suas contradições em Alencar (*in* Schwarz, 2000, p. 33-79).

de Assis. Schwarz centra o seu foco na leitura do paternalismo inerente às estruturas sociais do Rio de Janeiro oitocentista e seus efeitos na prosa de ficção do Machado que escrevia a partir de narradores convencionais, e que escolhia acompanhar personagens predominantemente femininas (não apenas, é claro, principalmente em *Ressurreição*, que destoa de várias maneiras dos outros três romances), em situações que envolviam dependência, casamento, segredos do passado, heranças. É óbvio que o leque de situações romanescas faz com que o crítico examine as relações desses romances com os modelos românticos e realistas, o que muito interessa à minha perspectiva. Por outro lado, há um certo cacoete, recorrente no crítico, em tomar todo esse romance produzido até 1876 como obra de passagem rumo à virada de *Memórias póstumas de Brás Cubas* (ele incorre no mesmo "diagnóstico", digamos, em relação ao romance de Alencar). Assim, não haveria propriamente um presente para essa prosa, mas um movimento ascendente, um apontar para o futuro, para uma melhoria possível, para uma experimentação com vistas a algo maior e melhor. Ora, queremos acreditar que todo artista cumpre uma trajetória semelhante, quer sempre atingir uma etapa "melhor" de sua carreira; mas como exatamente separar isso em nossa leitura *a posteriori*, leitura formada a partir de tantas interpretações e datações – filtrada por nossa vontade de entender um Machado de Assis ideologicamente comprometido a denunciar construções sociais pela via segura da prosa potente da segunda fase?

Cito uma passagem do crítico que é exemplar tanto para o que eu aqui persigo, um trabalho com a paródia das formas disponíveis para o leitor-autor Machado de Assis, quanto para a problemática de um Machado que só chega a ser o que é depois de 1880:

Isso posto, *Helena* é um romance de concepção mais descosida do que a nossa análise faz supor, e do que o enredo bem amarrado deixa ver à primeira leitura. Com maestria consumada e posição indefinida Machado circulava entre a intriga ultrarromântica, a análise social, a psicologia profunda, a edificação cristã e a repetição da mais triste fraseologia [...]. A impressão é de alguém que se exercita em várias línguas. É como se o escritor acumulasse recursos, que nesta altura já são excepcionais, mas para dar provas de competência em toda a linha e para se fazer aceito, mais que para ir até o fim dos problemas que propõe [...]. Como os demais livros da primeira fase, *Helena* é um trabalho de passagem. Assim são várias as características do romance que não têm razão de ser em seu próprio plano, mas que devem ser mencionadas, pois a sua presença é grande. A principal é a diversidade estilística muito marcada. (Schwarz, 2000, p. 144-145)

O ecletismo de Machado, em um romance estranho como *Helena*, talvez o que mais confunda os leitores em relação ao estatuto de "romântico", é um aviso claro para que tomemos cuidado com nossas classificações apressadas. Romance precário, desamarrado, que casa o enredo aparentemente melodramático (mas com toques escandalosos?) à resolução cristã, mas também realista. A protagonista Helena não se deixa capturar facilmente – ela não se casa, ela não é filha do conselheiro, ela prefere morrer a ser vista como aventureira. Mas aceitara até então viver sob a esfera do favor, e ser tomada pelo que não era. É um romance interessante, fundado no equívoco e na ocultação da verdade. E é também um romance que mistura todas as referências formais possíveis, numa demonstração clara de que forma e conteúdo dizem respeito um ao outro na correspondência de seu ecletismo – convivência de contrastes.

Dizer que este é um romance de passagem, como se isso justificasse a presença dos dados dissonantes em seu tecido textual, é algo que sempre me soou no mínimo apressado, como um efeito anacrônico de leitura crítica que deslocasse o romance de seu tempo e lugar de produção. Diga-se que o romance não é bom, vá lá: julgamento de valor é algo que se faz a partir de outras premissas, talvez. Mas o que me interessou, e vai continuar interessando ainda por certo tempo, é a possibilidade de ver na precariedade do romance problemático a marca do criador original, vivo, sabedor de suas possibilidades e capaz de reconhecer material de trabalho para a paródia no gênero romântico – momento histórico que se encerrava, série literária a se continuar.

Referências

ALENCAR, José de. *Obra completa*. 4 vol. Rio de Janeiro: José Aguilar, 1958.

ASSIS, Machado de. *Obra completa*. Vol. I. Rio de Janeiro: Nova Aguilar, 1997.

CASTELLO, José Aderaldo. *Realidade e ilusão em Machado de Assis*. Cotia, SP: Ateliê Editorial, 2008.

COUTINHO, Afrânio. "Estudo crítico: Machado de Assis na literatura brasileira". In: ASSIS, Machado de. *Obra completa*. Vol. I. Rio de Janeiro: Nova Aguilar, 1997. p. 23-65.

JENNY, Laurent. A estratégia da forma. In: *Intertextualidades* (*Poétique* n. 27). Trad. de Clara Crabbé Rocha. Coimbra: Almedina, 1979. p. 5-49.

SCHWARZ, Roberto. *Ao vencedor as batatas*: forma literária e processo social nos inícios do romance brasileiro. São Paulo: Duas Cidades; Ed. 34, 2000.

VASCONCELOS, Sandra Guardini Teixeira. O gume da ironia em Machado de Assis e Jane Austen. *Machado de Assis em linha,* vol.7, n.14, Rio de Janeiro, Jun./Dez., 2014. Disponível em: <http://ref.scielo.org/6zhstr >.

O vinho amargo do romance brasileiro moderno: exame dos prólogos de Memórias póstumas de Brás Cubas

> "O que faz do meu Brás Cubas um autor particular
> é o que ele chama 'rabugens de pessimismo'."
> Machado de Assis

Não há como negar que os dois prólogos escritos para *Memórias póstumas de Brás Cubas* incidem diretamente na questão de uma definição de gênero; ou melhor, me corrijo rápido: apresentam a questão de um possível gênero para o livro que se vai ler e deixam no ar a indefinição como mais um dos segredos ou armadilhas em que caímos sempre, leitores intencionalistas de Machado de Assis que somos. Mas, voltando aos prólogos, importa assinalar que tanto Brás Cubas, narrador e personagem, quanto o autor, Machado de Assis, insistem em apresentar o termo "romance" como possível categoria para a definição das *Memórias póstumas*. E o fazem os dois pela mesma maneira indireta, apresentando a possibilidade sem afirmá-la. Vejamos.

Assim diz o defunto autor, em seu prólogo "Ao leitor", que cito aqui em parte:

Que Stendhal confessasse haver escrito um de seus livros para cem leitores, cousa é que admira e consterna. O que não admira, nem provavelmente consternará é se este outro livro não tiver os cem leitores de Stendhal, nem cinquenta, nem vinte, e quando muito, dez. Dez? Talvez cinco. Trata-se, na verdade, de uma obra difusa, na qual eu, Brás Cubas, se adotei a forma livre de um Sterne, ou de um Xavier de Maistre, não sei se lhe meti algumas rabugens de pessimismo. Pode ser. Obra de finado. Escrevi-a com a pena da galhofa e a tinta da melancolia, e não é difícil antever o que poderá sair desse conúbio. Acresce que a gente grave achará no livro umas aparências de puro romance, ao passo que a gente frívola não achará nele o seu romance usual; ei-lo aí fica privado da estima dos graves e do amor dos frívolos, que são as duas colunas máximas da opinião. (Assis, 1997, v. I, p. 513).

O comentário que fecha o trecho é bastante machadiano, como nos acostumamos a reconhecer *a posteriori*: é aí que começa a grande viagem pelas máximas e aforismos que farão desse autor o nosso moralista não moralizante. Mas há aí também uma definição de romance, e "romance romântico", talvez, em seu mais puro clichê: pede leitores frívolos, leitoras quiçá, e servirá ao narrador das *Memórias* como espécie de referencial irônico para seus desmandos narrativos ao longo do livro. Um romance com início, meio e fim. Um romance com heróis ou heroínas, bons/maus personagens, um enredo a ser desenredado etc. E o que Brás Cubas apresenta ao leitor é "obra difusa", "forma livre", acrescida, além do mais, pelas "rabugens do pessimismo". Ora, o tal "conúbio" de que fala nosso defunto autor resiste ao rótulo do romance-clichê, mas aceitaria de bom grado conviver, como ele está cansado de saber, com os livros de Sterne ou de Xavier de Maistre. Há, portanto, que se alargar a definição de romance enquanto gênero. Mas então, como sabemos nós todos, não há aí problema real, pois não é o romance por natureza o mais flexível dos gêneros? Vou respingando por meu texto, para criar assunto, algumas reflexões já célebres sobre essa questão, velha e ao que parece inesgotável: o gênero do romance. Partes de discurso de Mikhail Bakhtin (2010, p. 397-398) nos dizem:

> [...] o romance é o único gênero por se constituir, e ainda inacabado. As forças criadoras dos gêneros agem sob os nossos olhos: o nascimento e a formação do gênero romanesco realizam-se sob a plena luz da História. A ossatura do romance enquanto gênero ainda está longe de ser consolidada, e não podemos ainda prever todas as suas possibilidades plásticas.
> [...]
> Mas o principal é que o romance não tem o cânone dos outros gêneros: historicamente são válidas apenas espécies isoladas de romance, mas não um cânone do romance como tal. O estudo dos outros gêneros é análogo ao estudo das línguas mortas; o do romance é como o estudo das línguas vivas, principalmente as jovens.
> Daí vem a extraordinária dificuldade para uma teoria do romance. Com efeito, esta teoria deveria ter, em princípio, um objeto de estudo totalmente diferente da teoria dos outros gêneros. O romance não é simplesmente mais um gênero ao lado dos outros. Trata-se do único gênero que ainda está evoluindo no meio de gêneros já há muito formados e parcialmente mortos.
> [...] Ele se acomoda mal com outros gêneros. Ele luta por sua supremacia na literatura, e lá, onde ele domina, os outros gêneros velhos se desagregam.

Tais reflexões são bem conhecidas, e, feitas nos anos de 1940, servem-nos ainda hoje, e refletem em parte, sem dúvida, o pensamento dos *Frühromantiker* no finalzinho do século XVIII. Fechamos facilmente o círculo se voltamos ao prólogo de Machado e o comparamos à "Carta sobre o romance", de Friedrich Schlegel, e se cotejamos os trechos citados de Bakhtin com a mesma Carta e com o Fragmento 116 da revista *Athenäum*. Em comum com o prólogo machadiano, o texto de Schlegel apresenta um protótipo possível de romance romântico de forma sincrônica: convivem como peças formadoras de um modelo as obras de Jean Paul, Diderot, Sterne, Shakespeare ou Cervantes. Não há um dado propriamente formal, muito menos temporal, que os una e os faça reconhecíveis enquanto romances românticos: há que se buscar esse índice classificatório em outras instâncias. E por que romance "romântico"? Responde-nos em parte a famosa tautologia de Schlegel (1994, p. 67): "Um romance é um livro romântico."

Sim, porque Friedrich Schlegel recupera a raiz comum das palavras e faz do romance o gênero romântico por excelência, na medida em que romântico é o livro que não tem forma acabada, não tem gênero determinado – por isso, ele já dissera no fragmento famoso, toda poesia deve ser romântica. Por isso, o romance deve ser, e é, em sua forma moderna, um livro romântico. Não discutirei aqui a flexível noção schlegeliana de moderno, ou não sairemos mais disso. Vou rapidamente à "Carta sobre o romance" apenas para me certificar do que digo: "É preciso que lhe esclareça por que, segundo meu ponto de vista, exijo de toda poesia que seja romântica, mas detesto o romance, na medida em que ele se pretenda um gênero específico" (Schlegel, 1994, p. 67).

No prólogo "Ao leitor", a "obra difusa", que usa da "forma livre" de Laurence Sterne ou Xavier de Maistre, filia-se, assim, sem muitas dúvidas, a um tipo de livro; o que não é tão fácil é resolver se a injeção da "tinta da melancolia", por meio da "pena da galhofa", ou as tais "rabugens de pessimismo" podem vir a configurar, junto à forma shandiana,[1] um romance. Essa é a dúvida jocosamente apresentada pelo defunto autor: o livro tem "aparências de puro romance", mas não é "romance usual" (Assis, 1997, v. I, p. 513). As semelhanças com a "Carta sobre o romance" não estão apenas no alinhamento sincrônico de obras que pertencem a uma mesma família – cujos dados para o reconhecimento de sua forma se dão a conhecer pela marca de sua ausência –, mas estão principalmente na aparente pouca importância dada à prescrição da forma do livro que aí se apresenta para os leitores. A alguns parecerá romance, a outros não: "A obra em si mesma é tudo" (Assis, 1997, v. I, p. 513), dirá Brás Cubas. Porque, e eis aqui a principal lição que devemos anotar até agora, toda indicação de gênero, se é que se faça necessária, deve vir de dentro da obra – romance. Ele se sobrepõe a qualquer cânone prescritivo, não reconhece imposições formais e não se deixa reconhecer de imediato pelo leitor ou crítico formado dentro de uma tradição de gêneros prontos (ou mortos, como intui Bakhtin).

E assim demos a volta ao círculo e voltamos a Bakhtin, passando por Schlegel e Machado. Os trechos citados do teórico russo chegam quase que a repetir algumas das formulações encontradas no Fragmento 116 da *Athenäum*. O que Schlegel chama de "gênero da poesia romântica", Bakhtin nomeia "romance", diferença que se desfaz com rápida leitura da teoria primeiro-romântica. Importa reter o sentido de evolução permanente do gênero e a impossibilidade de compreendê-lo por uma crítica e/ou teoria tradicional: "O gênero da poesia

---

1. A expressão é de Rouanet (2007).

romântica ainda está em evolução – esta, aliás, é sua verdadeira essência, estar sempre em eterno desenvolvimento, nunca acabado. Nenhuma teoria o esgota, e apenas uma crítica divinatória estaria autorizada a ousar uma caracterização de seu ideal" (Schlegel, 1994, p. 99 e 101). Na "Carta sobre o romance", lemos também: "Semelhante teoria do romance teria de ser, ela mesma, um romance que reproduzisse fantasticamente cada nota eterna da fantasia e que de novo gerasse o caos do mundo dos cavaleiros andantes" (Schlegel, 1994, p. 68). Como reafirma Bakhtin, a própria natureza do romance dificulta a criação de uma teoria que dê conta de sua forma: porque uma teoria precisa de cristalização mínima, e o romance continua acontecendo sob nossos olhos nesse exato momento – e, segundo essa formulação, por ser o único gênero realmente moderno, ou melhor, gênero do mundo moderno, ele se impõe sobre todos os outros, tende a destruí-los, englobá-los – não vai nos permitir tão cedo uma visão que o abarque completamente enquanto gênero pronto.

 Se no século XXI já estamos mais perto de uma tal teoria é algo que não vem ao caso diretamente neste momento, e deixo a questão para uma possível discussão posterior; eu discuto, no entanto, um livro que se apresenta por dois prólogos ainda no final do século XIX, na complexa situação da literatura brasileira que ia se formando. E me dou conta de que andei por russos e alemães e ainda não trouxe o segundo prólogo escrito para *Memórias póstumas de Brás Cubas*. Apesar de quase tão conhecido como o prólogo "Ao leitor", o prólogo escrito por Machado de Assis para a quarta edição (ou terceira, a não se levar em conta a edição seriada de 1880 como primeira) do livro deve ser aqui relembrado por sua insistência na enumeração de modelos romanescos – insistência que se faz, novamente, por certo despiste ou dissimulação, como se o autor não quisesse de forma alguma chamar para si a responsabilidade de dar a seu livro uma definição de gênero. Aqui temos um trecho do prólogo:

> Capistrano de Abreu, noticiando a publicação do livro, perguntava: 'As *Memórias póstumas de Brás Cubas* são um romance?' Macedo Soares, em carta que me escreveu por esse tempo, recordava amigamente as *Viagens na minha terra*. Ao primeiro respondia já o defunto Brás Cubas (como o leitor viu e verá no prólogo dele que vai adiante) que sim e que não, que era romance para uns e não o era para outros. Quanto ao segundo, assim se explicou o finado: 'Trata-se de uma obra difusa, na qual eu, Brás Cubas, se adotei a forma livre de um Sterne ou de um Xavier de Maistre, não sei se lhe meti algumas rabugens de pessimismo.' Toda essa gente viajou: Xavier de Maistre à roda do quarto, Garrett na terra dele, Sterne na terra dos outros. De Brás Cubas se pode dizer que viajou à roda da vida. (Assis, 1997, v. I, p. 512)

É óbvio que Machado de Assis transfere, nessa passagem, qualquer responsabilidade para o seu defunto narrador, Brás Cubas. O que não deixa de ser muito interessante, já que nesse prólogo, assinado pelo autor, o mais natural seria pressupor que este veio finalmente botar os pingos nos is. No entanto, o desconcertante é que ele não responde nem à pergunta feita por Capistrano de Abreu em sua resenha, nem à carta de Macedo Soares; ao repetir as supostas palavras de seu personagem, a quem delega em definitivo o lugar de autor, Machado está ciente de que não há aí nenhuma resposta efetiva. É como ele próprio glosa: as *Memórias póstumas* são romance para uns e não são para outros. E ainda se dá ao trabalho de repetir toda a explicação formal de Brás Cubas acerca da forma livre de sua obra. Em comum com o prólogo de Brás, veja-se que Machado também usa os termos "livro" e "obra" para falar das *Memórias*: ambos são cuidadosos com a indefinição do gênero de sua criatura híbrida. No entanto, por que é que o termo "romance" comparece nos dois prólogos como o gênero possível para classificar a obra? Por um lado, é óbvio que a indagação acerca do gênero vinha do público leitor, ponha-se aí dentro os possíveis leitores-críticos. A estratégia de incorporar as dúvidas de dois de seus leitores ao segundo prólogo é uma maneira engenhosa de se mostrar atento à recepção crítica de sua obra e fazê-la render enquanto autoconsciência crítica. É necessário anotar também que o público brasileiro vinha se acostumando a ler romances.

Por outro lado, Machado de Assis sabe que a forma é ferramenta essencial na inovação literária; o seu projeto de uma nova literatura brasileira, não atrelada à questão conteudística, diga-se extraliterária, em nosso Oitocentos nacionalista, realista e até naturalista *lato sensu*, pautado pelas questões da inserção ou da necessidade – e não pelos movimentos naturais de uma vida literária já formada –; repito, o projeto machadiano, delineado com certa nitidez no ensaio "Instinto de nacionalidade",[2] de 1873, parece chegar ao auge de sua explicitação exatamente com a publicação de *Memórias póstumas de Brás Cubas*, em 1880 (folhetim) e 1881 (em livro; veja-se que o segundo prólogo é só de 1899, e a ênfase na diferenciação só aumenta com o tempo). A experimentação formal como posta em prática no romance é algo até então praticamente inédito na literatura brasileira (e digo praticamente porque podem ser levantados ao menos alguns exemplos de tentativas nesse sentido). Não é meu objetivo, no entanto, uma leitura do livro em questão, mas sim de partes dos dois textos de

---

2. "Notícia da atual literatura brasileira – Instinto de nacionalidade" (Assis, 1997, v. III, p. 801-809).

apresentação que antecederam a duas de suas edições. Porque são metatextos, e colocam em xeque de maneira precisa a expectativa de mais um romance escrito pelo já então admirado escritor, o Sr. Machado de Assis, nos idos de 1880/1890. Ao virar a mesa, Machado justificou-se uma vez, pela voz de seu defunto autor, em seu atrevido prólogo "Ao leitor"; justificou-se uma segunda vez, anos depois, no segundo prólogo. Mas sempre de forma enviesada, no seu melhor estilo. Os seus dois prólogos, vistos em conjunto, além de serem em certa medida continuação de suas preocupações em relação a uma via possível para a literatura brasileira, frente a escolhas, modelos e formas, passam mesmo um pouco além dessa primeira oferta de caminhos e arriscam um esboço de uma teoria do romance – romance machadiano, ou romance possivelmente brasileiro e moderno.

Um pouco de recapitulação: essa relação sincrônica que Machado estabelece com seus modelos é sincrônica na medida em que se faz na semelhança e na diferença, em que chama os modelos para indicar os desvios, em que aponta uma tradição para marcar a ruptura. Leiamos, enfim, a parte final do prólogo à quarta edição das *Memórias póstumas*:

> O que faz do meu Brás Cubas um autor particular é o que ele chama 'rabugens de pessimismo'. Há na alma deste livro, por mais risonho que pareça, um sentimento amargo e áspero, que está longe de vir dos seus modelos. É taça que pode ter lavores de igual escola, mas leva outro vinho. Não digo mais para não entrar na crítica de um defunto, que se pintou a si e a outros, conforme lhe pareceu melhor e mais certo. (Assis, 1997, v. I, p. 512)

Só neste momento temos uma defesa clara, inequívoca, da diferença dentro da semelhança: taça lavrada na mesma escola, mas que contém outro vinho. É bom estar atento: não é taça igual às outras taças: tem lavores, relevos, entalhes, arabescos semelhantes – mas a forma pode ser diversa, inclusive. Já o seu conteúdo, fundamental, é inteiramente outro. O sabor desse vinho está contaminado pelos dois adjetivos usados logo acima: "amargo e áspero". Esse vinho, que o autor Machado de Assis enfim nos oferece diretamente de sua mão, não é de fácil apreciação, pelo contrário. A bela cor e o aspecto risonho são enganosos: somos levados a eles pela crença nos modelos evocados anteriormente. Mas os modelos cumpriram sua função: estabeleceram a impossibilidade de uma teoria do romance – estratégica para Machado de Assis –, e agora podem servir para que o autor os contraste com a sua obra.

A diferença ofertada por Machado de Assis em seu quinto, digamos enfim, romance, no entanto, é que determina a sua importância tanto na série de seus próprios livros quanto na série da literatura brasileira. Que o diga a fortuna crítica que o acompanha. Apesar de não ser o meu objetivo aqui, como já dito, uma análise do romance em si, posso inferir que a sua leitura enquanto experimento de gênero muda um pouco o ângulo da recepção mais usual; a forma se faz determinante em relação ao sentido da obra. A leitura notável de um "narrador volúvel", por exemplo: estou aqui a concordar com Roberto Schwarz para poder discordar, audaciosamente, de alguns poucos detalhes.

"As liberdades narrativas peculiares à segunda fase começam sob o signo de Sterne, conforme a conhecida indicação de Machado" (Schwarz, 2000, p. 230), diz capciosamente o crítico, para logo lembrar, no entanto, que o estilo borboleteante da escrita de Brás Cubas já era usado pelo Machado cronista e folhetinista há muitos anos. A inserção da volubilidade de Brás narrador em uma tradição seria assim validada pelas belas-letras, apenas para ser posta em dúvida por uma associação com a subliteratura dos jornais – marca, porém, de extrema modernidade. O que importa, de qualquer forma, é destacar o princípio estrutural: um narrador que determina a forma livre, e que faz da obra algo difuso. Deixemos de lado por um instante a grande tese central de Brás Cubas como tipo ideado de uma classe social (se é que é possível...). Falta talvez à leitura de Roberto Schwarz a percepção da sutileza, que sobra naquele que o inspirou a buscar o "capricho" (Meyer, 2008, p. 15) como traço peculiar em Brás Cubas (em parênteses, lembremos que a volubilidade do narrador-personagem é que faz com que ele oscile do desprezo por tudo ao silêncio das negativas, do sorriso de salão ao riso do delírio de morte. Perguntamos: é dado a Brás Cubas ser sempre senhor da situação?). De fato, precisamos voltar à leitura de Augusto Meyer para conseguirmos matizar a totalidade da visão schwarziana, que parece responder a tudo: onde, no entanto, o "outro vinho" de que nos fala o próprio Machado de Assis?[3] A resposta mais fácil seria dizer que está no dado social, específico de cada contexto de escrita; mas quer me parecer que o "sentimento amargo e áspero" que permeia o romance está não só na mimese desencantada de uma sociedade jovem e já decadente em seus princípios constituintes, mas também na visão de mundo autoral que roça o niilismo e, mais do que tudo, na necessidade de uma diferenciação formal para um novo projeto de romance brasileiro. E, ao abarcar cada um desses aspectos, tal romance enverga necessariamente para o sentimento de aspereza e amargor, marcas de um "certo sentimento íntimo", que faz do autor Machado de Assis (1997, v. III, p. 804) "homem

---

3. Essa pergunta é feita também por Rouanet no fecho de sua obra sobre a forma shandiana; ele a responde de acordo com os interesses de seu trabalho. Conferir Rouanet (2007, p. 224-242).

do seu tempo e do seu país". Mantenha-se aqui a leitura formal, por favor: a expressão de Machado em seu tão discutido ensaio é propositadamente despistadora em seu romantismo redundante. Mas a oposição entre uma literatura brasileira enquanto substância dada e enquanto uma forma a ser preenchida é fundamental e fundadora nos anos de 1870. E será posta em prática por Machado de Assis ao longo de toda a sua obra, enfaticamente a partir de *Memórias póstumas de Brás Cubas*. Que me permitam a citação exemplar do trecho de Augusto Meyer, mesmo que eu esteja lendo o crítico-artista um pouco a contrapelo:

> Fez do seu capricho uma regra de composição. E neste ponto se aproxima realmente da forma livre de Sterne e de um Xavier de Maistre. Mas a analogia é formal, não passa da superfície sensível para o fundo permanente. A vivacidade de Sterne é uma espontaneidade orgânica, necessária, a do homem volúvel que atravessa os minutos num fregolismo vivo de atitudes, gozando o prazer de sentir-se disponível. Sterne é um *molto vivace* da dissolução psicológica.
> Em Machado de Assis a aparência de movimento, a pirueta e o malabarismo são disfarces que mal conseguem dissimular uma profunda gravidade – deveria dizer: uma terrível estabilidade. Toda a sua trepidação acaba marcando passo. (Meyer, 2008, p. 15)

Sim, a analogia é formal, meu caro, apenas formal. Aí Roberto Schwarz poderia ter atentado com mais vagar para economizar parte do tempo que leva para necessariamente desvincular Machado de seus "modelos ingleses" – no que estou sendo aberta e desnecessariamente implicante, admito. Só o que gostaria de frisar, no entanto, é que Meyer, mesmo que talvez não tenha querido dizer exatamente isso, já botara o dedo na questão: os modelos de Machado de Assis para a virada em *Memórias póstumas de Brás Cubas* são modelos formais que, por sua vez, promovem necessariamente uma discussão formal. A "profunda gravidade" – "a terrível estabilidade" – de Machado são indicações de um escritor que já encontrara a sua maneira, ou ao menos a intuíra, e fazia, em torno da forma romance, agora no contexto tenso e conturbado de uma literatura em formação, o debate obrigatório para a sua possível inserção em cenário mais amplo.

Humor, melancolia, dimensão moralizante, ceticismo, autoironia, paródia, niilismo; crítica como ficção, ficção como crítica. Os prólogos de *Memórias póstumas de Brás Cubas* são o lugar dessa dialética: o leitor (e/ou o crítico) tem modelos à disposição, o leitor (e/ou o crítico) tem um livro em mãos. O contraste/atrito que se estabelece entre este e aqueles gera a faísca crítica. Ela deveria ser, entre nós, no Brasil do XIX, inaugural. O gênero do romance, já diziam alguns velhos críticos, que ainda hoje merecem a nossa leitura, ainda estaria por fazer-se; sua força adviria do fato de que cada verdadeiro novo romance escrito reinauguraria o gênero e restabeleceria um cânone. Um cânone. Ao autor crítico caberia ainda escolher com quem não gostaria de se parecer. O XX e o XXI são horizontes para a discussão.

Referências

ASSIS, Machado de. *"Memórias póstumas de Brás Cubas"*. In: *Obra completa*. v. I. Rio de Janeiro: Nova Aguilar, 1997.

_____. "Notícia da atual literatura brasileira – Instinto de nacionalidade". In: *Obra completa*. v. III. Rio de Janeiro: Nova Aguilar, 1997.

BAKHTIN, Mikhail. Epos e romance (sobre a metodologia do estudo do romance). In: *Questões de literatura e de estética* (a teoria do romance). São Paulo: Hucitec, 2010.

BOSI, Alfredo. *Brás Cubas em três versões*: estudos machadianos. São Paulo: Companhia das Letras, 2006.

CASTELLO, José Aderaldo. *Realidade e ilusão em Machado de Assis*. Cotia, SP: Ateliê Editorial, 2008.

LUKÁCS, Georg. *A teoria do romance*. São Paulo: Duas Cidades; Ed. 34, 2000.

MEYER, Augusto. "O homem subterrâneo". In: *Machado de Assis (1935-1958)*. Rio de Janeiro: José Olympio; ABL, 2008.

ROUANET, Sergio Paulo. *Riso e melancolia*: a forma shandiana em Sterne, Diderot, Xavier de Maistre, Almeida Garrett e Machado de Assis. São Paulo: Companhia das Letras, 2007.

SCHLEGEL, Friedrich. *Conversa sobre a poesia* e outros fragmentos. São Paulo: Iluminuras, 1994.

_____. *O dialeto dos fragmentos*. São Paulo: Iluminuras, 1997.

SCHWARZ, Roberto. *Um mestre na periferia do capitalismo*. São Paulo: Duas Cidades; Ed. 34, 2000.

SOUZA, Ronaldes de Melo e. *O romance tragicômico de Machado de Assis*. Rio de Janeiro: EdUERJ, 2006.

Sobre a "forma livre" no romance de Machado de Assis

Memórias póstumas de Brás Cubas, quinto romance de Machado de Assis, publicado primeiramente em partes na *Revista Brasileira* em 1880, apareceu em livro no ano seguinte; não se deve ignorar, por mais que eu mesma me sinta às vezes incomodada com a tal divisão da obra machadiana em "partes" ou "períodos" diferenciados, que se trata do primeiro romance da chamada segunda fase da obra de Machado.[1] E seu autor fictício/narrador/defunto anuncia, logo no seu prólogo, "Ao Leitor", que traz novidades formais para o romance brasileiro oitocentista:

> Que Stendhal confessasse haver escrito um de seus livros para cem leitores, cousa é que admira e consterna. O que não admira, nem provavelmente consternará é se este outro livro não tiver os cem leitores de Stendhal, nem cinquenta, nem vinte, e quando muito, dez. Dez? Talvez cinco. Trata-se, na verdade, de uma obra difusa, na qual eu, Brás Cubas, se adotei a forma livre de um Sterne, ou de um Xavier de Maistre, não sei se lhe meti

---

1. A expressão "primeira fase de minha vida literária" foi usada pelo próprio Machado de Assis na Advertência que escreveu para a edição do romance *Ressurreição* feita em 1905. Conferir Assis (1997, p. 116).

algumas rabugens de pessimismo. Pode ser. Obra de finado. Escrevi-a com a pena da galhofa e a tinta da melancolia, e não é difícil antever o que poderá sair desse conúbio. Acresce que a gente grave achará no livro umas aparências de puro romance, ao passo que a gente frívola não achará nele o seu romance usual; ei-lo aí fica privado da estima dos graves e do amor dos frívolos, que são as duas colunas máximas da opinião. (Assis, 1997, p. 513)

O trecho é por deveras conhecido; quero, no entanto, focar minha atenção na expressão usada por Machado, pela voz de Brás Cubas, para caracterizar obras de Laurence Sterne e Xavier de Maistre, às quais pretende se filiar o romance então apresentado: a "forma livre". Mas façamos uma pequena digressão, antes disso, para comentar o sentido geral do prólogo.

Primeiro, a passagem parece querer deixar claro que o romance que se vai ler não é exatamente parecido com os romances até então escritos pelo autor que assina na capa do livro, Machado de Assis. Veja-se as referências a uma ideia de "romance usual". Ora, *Ressureição*, *A mão e a luva*, *Helena* e *Iaiá Garcia*, por mais que se possam apontar estranhezas em seu esquema formal (e as há, caro leitor), seguem ainda um modelo romanesco mais conhecido, ou reconhecido, em geral associado ao romance do século XIX, de cunho realista ou balzaquiano. As diferenças entre o quinto romance e os anteriores não param por aí, é claro, mas tenha-se em mente que estamos tentando prestar atenção à questão da forma: muito determinada aqui, obviamente, pelo narrador em primeira pessoa, ao contrário dos narradores distanciados, em terceira pessoa, dos romances anteriores. Segundo, a filiação solicitada pelo defunto-autor traz a reboque uma diferenciação, já que este admite ter acrescentado "rabugens de pessimismo" à sua obra, escrita com a "pena da galhofa e a tinta da melancolia". Assim, *Memórias póstumas* se caracteriza por sua forma livre, por sua tonalidade ao mesmo tempo cômica e soturna, pela indecidibilidade de sua definição enquanto romance.

Mas, enfim, o que seria a "forma livre", segundo Brás Cubas e Machado de Assis? É claro que as indicações mais óbvias estão nas obras dos autores citados. A referência a Laurence Sterne nos leva de imediato ao seu célebre *A vida e as opiniões do cavalheiro Tristram Shandy*, publicado entre 1759 e 1768 – é o que fundamenta uma obra como a de Sergio Paulo Rouanet, que chama de "shandiana" a forma usada por Machado, Sterne, Diderot, de Maistre e Garrett (Rouanet, 2007). No entanto, note-se que no prólogo escrito para a quarta edição das *Memórias póstumas*, Machado de Assis faz referência a outro livro de Sterne, o *Viagem sentimental por França e Itália* (1768), ao dizer que o autor irlandês teria viajado (em prosa) na "terra dos outros". Isso não determina com total exatidão a que obra Brás Cubas se refere em seu prólogo original, mas é bom estarmos abertos às formas do diário de viagem, das memórias, da autobiografia, todas visitadas por Sterne nos dois livros em questão. Por outro lado, pode-se inferir, pela leitura do livro de Brás Cubas, que *Tristram Shandy* é sim um modelo, ou o maior dos antimodelos do romance, pois muitos dos capítulos excêntricos das *Memórias póstumas* se apropriam do modo de fazer shandiano (há vários exemplos, já bem conhecidos dos leitores de ambos os autores; veja-se o capítulo CXXXIX – "De como não fui ministro d' Estado").

Não há dúvida de que o livro de Xavier de Maistre, *Viagem à roda de meu quarto* (1794), deve muito aos de Laurence Sterne. É algo também admitido pelo escritor francês, e o retraçar dessa filiação pode ser seguido com proveito e prazer na leitura da obra já citada de Rouanet (2007). Para que nossas considerações fiquem mais claras, vejamos também o prólogo da quarta edição de *Memórias póstumas de Brás Cubas*, este assinado por Machado de Assis (1997, p. 512):

> Capistrano de Abreu, noticiando a publicação do livro, perguntava: 'As *Memórias póstumas de Brás Cubas* são um romance?' Macedo Soares, em carta que me escreveu por esse tempo, recordava amigamente as *Viagens na minha terra*. Ao primeiro respondia já o defunto Brás Cubas (como o leitor viu e verá no prólogo dele que vai adiante) que sim e que não, que era romance para uns e não o era para outros. Quanto ao segundo, assim se explicou o finado: 'Trata-se de uma obra difusa, na qual eu, Brás Cubas, se adotei a forma livre de um Sterne ou de um Xavier de Maistre, não sei se lhe meti algumas rabugens de pessimismo.' Toda essa gente viajou: Xavier de Maistre à roda do quarto, Garrett na terra dele, Sterne na terra dos outros. De Brás Cubas se pode dizer que viajou à roda da vida.

A admissão, ou a construção de uma filiação para o seu livro – ou romance – fica bastante clara nesse segundo texto de apresentação. Aí se desenha a série: Sterne, de Maistre, Garrett, Machado (Rouanet acrescenta Diderot a essa lista de autores, por sua notada presença na obra de Machado em geral). É óbvio que a tal série ganha sentido pleno se contemplada a partir do ponto de vista de Machado de Assis: é ele quem estabelece uma continuidade peculiar dentro do universo daquilo que se poderia chamar de romance (à maneira dos precursores de Kafka – e de Borges [1974, p. 107-109]). O seu romance seria o ponto de chegada de uma tradição de escritores que teriam praticado uma forma de romance aparentemente peculiar, se contrastada com a tradição do romance fortemente centrado no enredo, com desenvolvimento lógico de capítulo a capítulo, uso de tempo tendente ao linear, concepção realista de ambiente e narração centrada na terceira pessoa, de maneira a respaldar todos esses aspectos elencados (Stendhal, citado no prólogo à primeira edição de *Memórias póstumas de Brás Cubas*, seria um modelo de contraste? Note-se, porém, que a obra que aí está referida não é um romance, e sim o belo ensaio *Do amor*). A diferença, portanto, não está apenas na forma que procura recriar diários, cartas, memórias, autobiografias: estaria também na maneira como um narrador arbitrário, digressivo, caprichoso e volúvel enfim, decide, à revelia de todo bom senso e bom tom, conduzir sua narrativa, insistindo em saltos temporais, em repetições e/ou lacunas de informação, brindando-nos com suas opiniões, seus pensamentos, seus preconceitos de classe, sua autoconsciência ficcional. No entanto, e isso também é algo bastante óbvio quando se discute especificamente o romance, tal tradição é mais uma entre as possíveis formas do romance – gênero sem forma definida ou definitiva –, e a expressão de Machado, "forma livre de um Sterne, ou de um Xavier de Maistre", parece indicar, além de uma escolha, uma confrontação de formas possíveis para o romance.

Tal confrontação indicaria uma forma machadiana em particular? No prólogo original de *Memórias póstumas*, assinado por Brás Cubas, este aponta para a diferença entre o seu livro e seus modelos citados: as rabugens de pessimismo. Mais fortemente, porém, a diferença está enunciada no segundo prólogo, assinado por Machado, que, afinal, se identifica como o criador de Brás Cubas, o "autor" do livro:

> O que faz do meu Brás Cubas um autor particular é o que ele chama 'rabugens de pessimismo'. Há na alma deste livro, por mais risonho que pareça, um sentimento amargo e áspero, que

está longe de vir dos seus modelos. É taça que pode ter lavores de igual escola, mas leva outro vinho. Não digo mais para não entrar na crítica de um defunto, que se pintou a si e a outros, conforme lhe pareceu melhor e mais certo. (Assis, 1997, p. 512)

Nunca é demais citar tal passagem, em que Machado aponta no seu livro um "sentimento amargo e áspero" que não deriva de nenhum de seus modelos. O vinho que se bebe nessa taça é outro, mesmo que o recipiente possa ter semelhanças com seus antecessores de escola. Há, portanto, a admissão, novamente, de semelhança e de diferença. Mas a diferença é aqui bastante enfatizada: "o que faz do meu Brás Cubas um autor particular." A "forma livre" do romance machadiano, herdada de seus ilustres antecessores, cada um com suas peculiaridades e excentricidades, expõe aqui sua própria particularidade, que a diferencia de todas as outras. Não é apenas um livro risonho, não é um vinho suave.

Aprendemos a pensar, com Roberto Schwarz, que o que diferencia o romance de Brás Cubas é a representação amarga, em meio às graçolas de seu narrador, de uma sociedade marcadamente estamental, de privilégios de classe e de extrema crueldade em relação ao trabalho escravo e a todos os que não são parte da elite cortesã. Como Brás Cubas é o exemplo definitivo do homem branco de classe alta, com sua cultura cosmopolita e superficial, seu modo de narrar obedece a um ritmo próprio, que mimetiza de certa maneira o estilo dos narradores de seus antecessores literários; mas seu estilo particular provém de outra origem, ou se dá por outros motivos: sua volubilidade de borboleta azul é, antes, uma forma de dizer específica, brasileira, fluminense, elitista, de nosso século XIX escravista e antiliberal (cf. Schwarz, 2000, p. 11-12). O vinho que se oferece é amargo e áspero, em caracterização acertada de seu autor: mas tem o aspecto risonho, ou melhor, o engenho e a ironia de seus parentes literários.

Está claro que aparência e sabor não são aqui excludentes, a não ser que estejamos falando da necessidade de se diferenciar – mas parece ser esse o caso. Recapitulando rapidamente, busca-se uma linhagem específica dentro da grande tradição do romance, linhagem esta marcada pelo uso de uma "forma livre", como o fizeram Sterne, de Maistre, Garrett (e Diderot?); dentro dessa galeria de notáveis, porém, busca-se uma nova diferenciação, que coloque *Memórias póstumas de Brás Cubas* em relação problemática com seus modelos confessos. Por semelhança e por exclusão, portanto, temos um romance, ou não, "obra difusa", escrita em "forma livre", marcada pelas "rabugens do pessimismo", ou por "sentimento amargo e áspero". Dupla semelhança, dupla diferenciação, num exemplo brilhante de reflexão acerca do mais moderno e indefinível dos gêneros literários, o romance, concomitante à sua prática.

Eu volto ainda à forma livre, buscando uma outra possível caracterização que não precise sair do romance até aqui visitado. O capítulo primeiro do livro, "Óbito do autor", revisita a questão formal:

> Algum tempo hesitei se devia abrir estas memórias pelo princípio ou pelo fim, isto é, se poria em primeiro lugar o meu nascimento ou a minha morte. Suposto o uso vulgar seja começar pelo nascimento, duas considerações me levaram a adotar diferente método: a primeira é que eu não sou propriamente um autor defunto, mas um defunto autor, para quem a campa foi outro berço; a segunda é que o escrito ficaria assim mais galante e mais novo. Moisés, que também contou a sua morte, não a pôs no introito, mas no cabo: diferença radical entre este livro e o Pentateuco. (Assis, 1997, p. 513)

Deixando de lado as evidentes vontades de chocar (pela comparação com o Pentateuco) e de fazer graça, ainda assim é bem clara a necessidade de criar algo novo, diferente, mais "galante". Portanto, o livro se inicia pelo fim, ou pela morte do autor, como anuncia o título do capítulo, e a cambalhota de estilo que já se apresenta na abertura será repetida em várias outras passagens das *Memórias póstumas*. Uma das mais famosas está no capítulo LXXI – "O senão do livro"

> Começo a arrepender-me deste livro. Não que ele me canse; eu não tenho que fazer; e, realmente, expedir alguns magros capítulos para esse mundo sempre é tarefa que distrai um pouco da eternidade. Mas o livro é enfadonho, cheira a sepulcro, traz certa contração cadavérica; vício grave, e aliás ínfimo, porque o maior defeito deste livro és tu, leitor. Tu tens pressa de envelhecer, e o livro anda devagar; tu amas a narração direta e nutrida, o estilo regular e fluente, e este livro e o meu estilo são como os ébrios, guinam à direita e à esquerda, andam e param, resmungam, urram, gargalham, ameaçam o céu, escorregam e caem... (Assis, 1997, p. 583)

Acredito que o melhor exemplo daquilo de que falava Machado em seus prólogos está nessa passagem; a "contração cadavérica" que afeta o livro é uma das possíveis maneiras de dizer pessimismo, amargor, aspereza. Aliada a isso, aí se apresenta a "forma livre", expondo suas mazelas inclusive, seu modo digressivo e por vezes aborrecido, estridente, tedioso. E o máximo da negatividade das *Memórias póstumas* por fim vem à tona: o maior defeito do livro é o leitor, ser apressado e afeito à boa e bela narrativa, à maneira direta e direita de contar. Deslocando a questão da forma para a má recepção por parte do leitor mediano, Brás Cubas dá voz a uma das maneiras de confrontar as diferentes tradições dentro da grande tradição do romance: há romances mais bem aceitos, por sua regularidade e fluência, nas palavras do defunto-autor; e há romances enfadonhos porque seu estilo é entrecortado, trêmulo, mal se aguentando sobre as pernas e tendendo, inevitavelmente, à queda, ao vazio. Veja-se, por um lado, a modernidade da forma aí desnudada; por outro lado, é bom atentar para a admissão não apenas de uma filiação a uma série específica de romances, mas também a autocaracterização do que se lê.

E do que se lerá, é claro. Do que se lerá em outros romances de Machado de Assis a partir daquele momento. Uma narrativa com tendência à queda: como não pensar em Bento Santiago e seu amargor, ou casmurrice, ao narrar sua perda, suas lacunas, ou sua tentativa de contar aquilo que ele não pode? Vejamos o pequeno capítulo CXIX – "Não faça isso, querida!", de *Dom Casmurro* (1899), sétimo romance de Machado de Assis (1997, p. 925):

> A leitora, que é minha amiga e abriu este livro com o fim de descansar da cavatina de ontem para a valsa de hoje, quer fechá-lo às pressas, ao ver que beiramos um abismo. Não faça isso, querida; eu mudo de rumo.

Desloco-o propositadamente de seu contexto para que vejamos com mais clareza sua ironia acrobática, seu contorcionismo sombrio. O narrador expõe sua capacidade de ir e voltar, de torcer e retorcer a narrativa. Estamos frente ao menos confiável dos narradores machadianos, é claro, mas, mesmo assim, seu descaramento, para falar como Roberto Schwarz, é quase chocante. E um tanto assustador, visto o modo como se comportará logo à frente esse outro homem branco, de classe alta, educado, de aparência afável: vai exilar sua esposa, vai desejar a morte de seu filho – e será atendido. Aqui, temos, de forma ainda mais evidente, um livro marcado por "sentimento amargo e áspero". E Machado de Assis parece ter encontrado nessas memórias não póstumas no sentido estrito, mas de um morto-vivo, ex-casado, ex-filho, ex-Bento Santiago, a sua forma espetacularmente ficcional, mentirosa e melindrosa, novamente sujeita aos caprichos de um narrador volúvel e ainda mais destrutivo e agressivo em relação ao seu leitor – porque nem ao menos tenta fingir simpatia, como está expresso no seu apelido que dá título ao romance do vazio. Revisitemos partes da passagem célebre (capítulo II – "Do livro") em que se enuncia a tentativa de narrar aquilo que falta:

> Vivo só, com um criado. A casa em que moro é própria; fi-la construir de propósito, levado de um desejo tão particular que me vexa imprimi-lo, mas vá lá. Um dia, há bastantes anos, lembrou-me reproduzir no Engenho Novo a casa em que me criei na antiga rua de Matacavalos, dando-lhe o mesmo aspecto e economia daquela outra, que desapareceu. Construtor e pintor entenderam bem as indicações que lhes fiz: é o mesmo prédio assobradado, três janelas de frente, varanda ao fundo, as mesmas alcovas e salas. [...]
> O meu fim evidente era atar as duas pontas da vida, e restaurar na velhice a adolescência. Pois, senhor, não consegui recompor o que foi nem o que fui. Em tudo, se o rosto é igual, a fisionomia é diferente. Se só me faltassem os outros, vá; um homem consola-se mais ou menos das pessoas que perde; mas falto eu mesmo, e esta lacuna é tudo. O que aqui está é, mal comparando, semelhante à pintura que se põe na barba e nos cabelos, e que apenas conserva o hábito externo, como se diz nas autópsias; o interno não aguenta tinta. [...]
> Ora, como tudo cansa, esta monotonia acabou por exaurir-me também. Quis variar, e lembrou-me escrever um livro.

Jurisprudência, filosofia e política acudiram-me, mas não me acudiram as forças necessárias. Depois, pensei em fazer uma 'História dos Subúrbios', menos seca que as memórias do padre Luís Gonçalves dos Santos, relativas à cidade; era obra modesta, mas exigia documentos e datas, como preliminares, tudo árido e longo. Foi então que os bustos pintados nas paredes entraram a falar-me e a dizer-me que, uma vez que eles não alcançavam reconstituir-me os tempos idos, pegasse da pena e contasse alguns. Talvez a narração me desse a ilusão, e as sombras viessem perpassar ligeiras, como ao poeta, não o do trem, mas o do *Fausto: Aí vindes outra vez, inquietas sombras?...* (Assis, 1997, p. 809-811)

A escrita do romance como maneira de exorcizar a monotonia, o tédio, a melancolia? Ou como maneira de lhes dar forma, posto que narração equivale a ilusão? Se a reconstrução da casa da infância fracassou, conseguirá o livro preencher o vazio existencial desse outro narrador e personagem? Talvez a resposta esteja no fecho do livro, depois da "suma das sumas, ou resto dos restos", veredito final enunciado pelo narrador-advogado: "Vamos à 'História dos Subúrbios!'" (Assis, 1997, p. 944). Esse romance do fracasso é, talvez, a prática mais bem acabada da "forma livre" à maneira de Machado de Assis: voz narrativa ligeira, móvel, caprichosa, cheia de alfinetadas ao leitor e a tudo e a todos; mas também forma sombria, cheia de lacunas vertiginosas, representação da memória ("velha cidade de traições")? Forma da ausência, da perda, do não-dizer, do evitar dizer, da melancolia, do luto, mas também da leviandade, do privilégio de classe, da crueldade para com o outro, da exposição de um lado obscuro do ser humano. Forma machadiana por excelência.

Fecho meus comentários meio sem rumo fazendo referência ao nono e último dos romances de Machado de Assis,

Memorial de Aires (1908). Romance da ambiguidade, que começa pelo distanciamento que seu narrador, o Conselheiro memorialista, mantém de tudo e de todos – trata-se novamente de memórias póstumas, mas aqui no sentido de que teriam sido publicadas depois da morte de seu autor, que as escreveu em vida:

> Quem me leu *Esaú e Jacó* talvez reconheça estas palavras do prefácio: "Nos lazeres do ofício escrevia o *Memorial*, que, apesar das páginas mortas ou escuras, apenas daria (e talvez dê) para matar o tempo da barca de Petrópolis".
> Referia-me ao Conselheiro Aires. Tratando-se agora de imprimir o *Memorial*, achou-se que a parte relativa a uns dous anos (1888-1889), se for decotada de algumas circunstâncias, anedotas, descrições e reflexões –, pode dar uma narração seguida, que talvez interesse, apesar da forma de diário que tem. Não houve pachorra de a redigir à maneira daquela outra –, nem pachorra, nem habilidade. Vai como estava, mas desbastada e estreita, conservando só o que liga o mesmo assunto. O resto aparecerá um dia, se aparecer algum dia. M. de A. (Assis, 1997, p. 1.096)

A forma de diário, contudo, não descreve de maneira satisfatória o que se vai ler: há diários e diários. No caso do Conselheiro Aires, a sua falta de assunto no que quer que se refira a si mesmo, à sua vida de diplomata aposentado que voltou ao Brasil, é em si um indicativo de que a "narração seguida" de que fala M. de A. (editor? amigo do autor?) não remete nem de longe a uma forma romanesca mais corrente. Está bem detalhado ali, naquelas poucas linhas que retomam a Advertência de *Esaú e Jacó*, a maneira pela qual o *Memorial* teria chegado ao leitor: é versão desbastada, cortada e expurgada do diário escrito pelo Conselheiro durante uns dois anos. Há, portanto, o *Memorial*, nome que se dá ao diário do

Conselheiro Aires, que o escrevia ao sabor do tempo, por muito tempo; e o *Memorial de Aires*, romance "editado" e "impresso" por M. de A. Sobre este segundo, diz-se que, apesar de sua forma, pode suscitar interesse.

O interesse que o livro pode suscitar, no entanto, não se prende à reconstrução memorialística de fatos testemunhados pelo narrador; pelo contrário, por meio do seu refinado discurso de diplomata e de conselheiro, Aires é capaz de filtrar ao máximo a narração, deixando passar apenas alguns fatos banais da existência em sociedade – mas esses poucos fatos vêm carregados de intenções, servindo como pano de fundo para a construção de um painel filosófico, de sabor existencial e digressivo. Se levarmos em conta o que diz M. de A. na Advertência do livro, temos, portanto, um duplo desbastamento, e há que se pensar que a "narração seguida" a que se chegou é o último fio de enredo, tênue, que segura as partes desse diário de velho, mais ou menos interessado na vida dos outros.

Resta admitir que, uma vez encerrado o pseudodrama que leva ao casamento de Fidélia e Tristão, não há mais o que narrar no *Memorial*, e ele se extingue em nota baixa, sem reflexões à maneira de encerramento, sem a tentativa de resgatar um saldo, à maneira de Brás Cubas, ou de superar o vazio, como queria Bento Santiago.[2] Eis que esse diário apresenta sua forma tradicional, com entradas de dias e meses, e o leitor é levado por esse ritmo melancólico do dia a dia e das reflexões de bom tom do Conselheiro: mestre do encobrimento, ele nos convida a não prestar muita atenção naquilo que diz, e nos sentimos

---

2. Conferir, em Baptista (2014, p. 37), um comentário sobre *Memórias póstumas* que pode ser aproveitado em relação ao *Memorial*: "A forma é livre, sabemo-lo desde o prólogo, mas o livro, por exigência da forma, tem de acabar num ponto, e acaba precisamente neste (...)"

protegidos por essa aparente rede de banalidades que constitui o romance. O ponto final é um estranho lembrete: acabou, mas como? Por que, se a vida continua? E voltamos à Advertência que já tinha nos dito: trata-se de uma versão editada das memórias do Conselheiro Aires; a forma livre do diário, que começa ao acaso e assim deveria terminar, é aqui contida pela rasura do editor, ou organizador, dessas memórias. É um efeito um tanto ou quanto perturbador, que enfatiza ainda mais a sensação de estarmos sendo ludibriados, por termos acesso a apenas parte da realidade que ali se reconstrói.

No entanto, há algo mais machadiano do que esse mecanismo narrativo? Talvez não haja forma mais apta a fechar a série de romances de nosso autor do que a desse falso diário, autobiografia que narra a vida dos outros: Aires, como já fora personagem em *Esaú e Jacó*, é aqui narrador antes do romance de Tristão, Fidélia e do mundo ao redor dos jovens que se apaixonam do que propriamente um memorialista. De si temos apenas reflexões que nem sempre percebemos. Ao final do livro, conta-nos Aires:

> 30 de agosto
> Praia fora (esqueceu-me notar isto ontem), praia fora viemos falando daquela orfandade às avessas em que os dous velhos ficavam, e eu acrescentei, lembrando-me do marido defunto:
> – Desembargador, se os mortos vão depressa, os velhos ainda vão mais depressa que os mortos... Viva a mocidade!
> Campos não me entendeu, nem logo, nem completamente. Tive então de lhe dizer que aludia ao marido defunto, e aos dous velhos deixados pelos dous moços, e concluí que a mocidade tem o direito de viver e amar, e separar-se alegremente, do extinto e do caduco. Não concordou – o que mostra que ainda então não me entendeu completamente. (Assis, 1997, p. 1200)

Eis uma boa imagem dos leitores de Machado de Assis, e desse livro em especial: não entendemos completamente o que se diz. É necessário que procuremos explicações, que voltemos ao texto e a seu enredo, para que o dito aforismático e filosófico do Conselheiro possa ser minimamente compreendido. E mesmo assim, talvez a história seja outra. Trata-se de um romance musical, sim, aí temos os nomes operísticos dos personagens e todo um modo de narrar. Como na música, o silêncio e a forma são determinantes neste último longo livro de Machado de Assis. É relevante o que não se diz – e o que não é dito, o que foi desbastado e cortado desse diário, permanece como possibilidade, sombra de livro. O *Memorial* nasce e morre como forma provisória, que exibe mais uma vez suas lacunas, sua impossibilidade, frente a leitores apressados, amantes da "narração direta e nutrida", do "estilo regular e fluente".

Referências

ASSIS, Machado de. *Obra completa*. Vol. I. Rio de Janeiro: Nova Aguilar, 1997.

BAKHTIN, Mikhail. Epos e romance (sobre a metodologia do estudo do romance). In: *Questões de literatura e de estética* (a teoria do romance). São Paulo: Hucitec, 2010.

BAPTISTA, Abel Barros. *Três emendas*: ensaios machadianos de propósito cosmopolita. Campinas, SP: Ed. Unicamp, 2014.

BORGES, Jorge Luis. "Kafka y sus precursores". In: *Obras completas*. Buenos Aires: Emecé, 1974.

MAISTRE, Xavier de. *Viagem à roda de meu quarto* e *Expedição noturna à roda do meu quarto*. Trad. Marques Rebelo. São Paulo: Estação Liberdade, 2008.

ROUANET, Sergio Paulo. *Riso e melancolia*: a forma shandiana em Sterne, Diderot, Xavier de Maistre, Almeida Garrett e Machado de Assis. São Paulo: Companhia das Letras, 2007.

SCHWARZ, Roberto. "As ideias fora do lugar". In: *Ao vencedor as batatas*. São Paulo: Duas Cidades; Editora 34, 2000.

STERNE, Laurence. *A vida e as opiniões do cavalheiro Tristram Shandy*. Trad. José Paulo Paes. São Paulo: Cia. das Letras, 1998.

Forma inexata: Roberto Schwarz lê o romance de José de Alencar

O meu objeto de interesse neste artigo é o capítulo II de *Ao vencedor as batatas*, livro publicado por Roberto Schwarz em 1977. O capítulo se intitula "A importação do romance e suas contradições em Alencar", e centra-se no romance *Senhora*, de 1875. Funciona aí, de maneira admirável, o maquinário interpretativo de Schwarz, que coloca em movimento, a título de comprovação, as suas "Ideias fora do lugar", nome de seu primeiro e, desde então, polêmico capítulo – e, ao mesmo tempo, prepara-se o solo para a leitura dos romances da chamada primeira fase de Machado de Assis, assunto do capítulo maior que fecha o livro: "O paternalismo e a sua racionalização nos primeiros romances de Machado de Assis" (Schwarz, 2000).

A princípio, pareceu a mim mesma um pouco sem propósito revisitar um texto crítico já bastante recuado no tempo, para não dizer, além disso, que o trabalho mais importante de Roberto Schwarz é a leitura do romance machadiano, sendo Alencar em sua obra crítica claramente uma passagem, ou ensaio geral. Mas ao me propor discutir o romance brasileiro, em uma reflexão sobre o gênero seja na sua forma teórica seja em relação a um caso em particular, preferi me voltar para um campo em que me sinta um pouco mais segura – e procurei lidar com um gênero romântico. Doce ilusão: a escolha de um debate com a leitura feita por Schwarz da forma alencariana me causou todos os tipos de problemas possíveis. Eu me vi frente a várias encruzilhadas, sem saber qual o caminho a tomar: será que eu deveria enveredar pela senda da leitura marxista do romance, tradição robusta e bonita, mas que escaparia um pouco do âmbito de Alencar? Deveria, ao contrário, me voltar para uma leitura da tradição crítica alencariana? Será que eu não cairia num campo historiográfico alheio às questões que me interessaram de início?

Em suma, por que motivo, afinal, eu pretendia voltar até esse capítulo sobre o romance de Alencar – por que sua eleição como o meu objeto de interesse? Na resposta a essa pergunta estaria provavelmente o caminho a ser seguido em um debate crítico com Roberto Schwarz. E me peguei pensando que, desde as primeiras vezes em que li esse texto, nem me lembro precisamente quando, sempre me incomodou, para além da excelência da leitura crítica aí praticada, que o modelo de leitura utilizado para o escrutínio do romance de Alencar fosse um modelo, em certa medida, alheio ao romance de Alencar. Terei, é claro, de me explicar melhor, muito melhor. Por ora, posso adiantar que o grande modelo do romance realista europeu, mesmo levando em conta as irregularidades da sua adaptação à realidade brasileira, obviamente não cobre o projeto ficcional de um autor que sempre se pautou, enquanto romancista, por uma escrita idealizante, tendente ao folhetinesco, exagerada, em uma palavra, romântica, como foi José de Alencar.

E assim temos de encarar o cerne da leitura de Roberto Schwarz, leitura tão bem amarrada que se faz difícil encontrar um lugar por onde puxar um fio problemático. De fato, a leitura do crítico é exemplar. Faço uma rapidíssima retomada aqui do nó que me interessa: ao constatar os muitos pontos fracos da obra de Alencar,[1] Schwarz (2000, p. 39) reconhece nesses mesmos problemas possíveis acertos formais. Eles traduziriam o encontro do molde europeu com a matéria local, ou seja, seriam "contrassenso". Assim como as ideias do liberalismo europeu estavam deslocadas entre nós e não correspondiam a uma realidade local, a forma do romance realista precisava passar aqui por mudanças radicais para que se prestasse à representação literária. As dissonâncias e contrastes que localizamos no romance alencariano, portanto, seriam propositais, e teriam como objetivo explicitar o encontro da realidade brasileira com a alta cultura europeia. Esse impasse será resolvido mais tarde, é claro, por Machado de Assis, que conseguirá, ao trazer para o centro do romance o próprio choque entre os mecanismos do favor e a trama romanesca, verdadeiramente criar uma nova forma para o romance brasileiro.

Para poupar aborrecimentos ao leitor, estou resumindo de forma grosseira e vou pular muito da argumentação e ir direto aos momentos que me interessam discutir. Por outro lado, fica o convite para que voltem ao texto de Schwarz, uma aula de análise dialética do romance oitocentista. Retomando o que já foi dito até agora, eu cito uma passagem do estudo em questão:

> Em resumo, herdávamos com o romance, mas não só com ele, uma postura e dicção que não assentavam nas circunstâncias locais, e destoavam delas. Machado de Assis iria tirar muito partido deste desajuste, naturalmente cômico. Para indicar

---

1. "(...) é preciso reconhecer que a sua obra nunca é propriamente bem-sucedida, e que tem sempre um quê descalibrado e, bem pesada a palavra, de bobagem" (Schwarz, 2000, p. 39).

duma vez a linha de nosso raciocínio: o temário periférico e localista de Alencar virá para o cento do romance machadiano; este deslocamento afeta os motivos "europeus", a grandiloquência séria e central da obra alencarina, que não desaparecem, mas tomam tonalidade grotesca. Estará resolvida a questão. (Schwarz, 2000, p. 49-50)

Se a questão se resolve no romance machadiano, importa lembrar que em Alencar temos o problema em estado exemplar: é nesse romance, o que será comprovado com a leitura de *Senhora*, que vemos a estrutura girar em falso, já que a unidade formal não se fecha. A dicção do romance é singular como nosso chão ideológico: "Expressa literariamente a dificuldade de integrar as tonalidades localista e europeia, comandadas respectivamente pelas ideologias do favor e liberal" (Schwarz, 2000, p. 50). Enfim: "formas são o abstrato de relações sociais determinadas, e é por aí que se completa, ao menos a meu ver, a espinhosa passagem da história social para as questões propriamente literárias, da composição – que são de lógica interna e não de origem" (Schwarz, 2000, p. 51).

Ora, adiantei um pouco do edifício argumentativo de Schwarz e creio já ter adiantado também parte dos problemas que me interessam: um deles é mais do que óbvio e é mesmo bem anterior ao capítulo que analiso aqui. De fato, o uso de Machado de Assis como "ponto de fuga" (expressão do próprio Schwarz)[2] para a análise da prosa oitocentista brasileira já era uma constante na obra magna de Antonio Candido, a indispensável *Formação da literatura brasileira*. Nos textos de introdução ao romance no Brasil, Candido deixa claro que a tradição romântica brasileira será retomada e expandida, em

2. Conferir Schwarz (2000, nota 7, p. 40-41).

sua melhor parte, por Machado de Assis, leitor atento e integrado às correntes internas, e ponto culminante da ficção no Brasil oitocentista. É claro que tal visão valoriza o romance romântico brasileiro ao transformá-lo em precursor de Machado; por outro lado, coloca-o aí, neste lugar de precursor, ainda não tão completo, vale dizer, não tão bom quanto o seu sucessor, numa visão diacrônica da história literária. O romance de José de Alencar torna-se, assim, "etapa", importante, sem dúvida, mas fase a ser ultrapassada para se chegar ao romance bem mais complexo criado por Machado de Assis. É claro que isso acaba por criar uma relação comparativa de valores que não traz nenhuma vantagem para a ficção oitocentista extramachadiana. Pelo contrário: a presença de Machado passa a ser um empecilho para a leitura mais consequente da prosa que se fez no Brasil do século XIX.

Outro problema que já é possível estabelecer (e que nos interessa mais de perto nesse momento) está no próprio modelo analisado por Schwarz – o grande romance da tradição realista (mesmo que romântico) importado da Europa para o Brasil, à maneira de Balzac, Stendhal, entre outros. Claro está que o romance de Alencar só pode ser lido dentro dessa chave até certo ponto. Por isso, apesar da incrível sugestão de possibilidades que se pode extrair de uma representação inconstante, incoerente, advinda de um contraste entre forma importada e matéria local, acredito que não possamos parar por aí para justificar a irregularidade do romance de Alencar. Há algo mais que estaria por trás da forma desajeitada do nosso romance romântico – de todo romance romântico, diga-se de passagem. E aí teríamos de ir buscar uma teoria completamente ignorada por Schwarz em seu estudo: uma teoria do romance romântico como aventada pelos próprios autores do Romantismo.

Antes disso, porém, eu quero buscar outras leituras do mesmo problema que me assegurem, ao menos, de que não estou tão equivocada em meu estranhamento. Trago ainda da *Formação*, de Antonio Candido, um comentário aparentemente banal, bem conhecido de Roberto Schwarz, que apenas costuma cortar-lhe a segunda parte:

> A consciência social dos românticos imprime aos seus romances esse cunho realista, a que vimos nos referindo, e provém da disposição de fixar literariamente a paisagem, os costumes, os tipos humanos. Este acentuado realismo (em nada inferior muitas vezes ao dos nossos naturalistas e modernos, tão marcados de romantismo) estabelece no romance romântico uma contradição interna, um conflito constrangedor entre a realidade e o sonho.
> Levados à descrição da realidade pelo programa nacionalista, os escritores de que vamos tratar eram contudo demasiado românticos para elaborar um estilo e uma composição adequados. A cada momento, a tendência idealista rompe nas junturas das frases, na articulação dos episódios, na configuração dos personagens, abrindo frinchas na objetividade da observação e restabelecendo certas tendências profundas da escola para o fantástico, o desmesurado, o incoerente, na linguagem e na concepção. (Candido, 1993, p. 102)

Candido estabelece uma contradição entre duas tendências que convivem de forma singular no romance romântico: a realista e a idealista. Uma "contradição interna" que, se não chega a ameaçar a verossimilhança do romance, afeta, no entanto, sua linguagem e concepção. Resta anotar aqui que um romance cuja concepção e cuja linguagem tendem, apesar do "lastro do real", expressão usada também por Antonio Candido, para o desmesurado, o incoerente, será certamente um romance de forma irregular, inconstante, como já o caracterizara, por outras vias, Roberto Schwarz. Eu me aproveito também da deixa de Candido para localizar o romance de José de Alencar aí nesse meio, no qual os romances preservam sempre sua verossimilhança narrativa – algo muito diferente de realismo, diga-se de passagem –, que pode conter em si elementos bastante disparatados, incluindo-se notações subjetivas, impropriedades cronológicas, inverdades históricas, inacabamento formal etc., ao lado de observações bastante veristas, ao gosto do freguês. Portanto, advogo, mais uma vez, que o romance alencariano não pode ser lido apenas a partir de uma tradição do romance de matriz realista. É preciso buscar outras tradições de leitura do romance romântico, que complementem a leitura tão bem arquitetada por Roberto Schwarz.

Essa é uma exigência da própria obra de Alencar, é bom frisar, não uma escolha crítica aleatória. É o que explica, talvez, porque minha leitura do capítulo crítico de Schwarz sobre Alencar era acompanhada de certo estranhamento. Por isso, foi com não pouca satisfação que, há alguns anos atrás, passando os olhos por coletânea de ensaios de João Luiz Lafetá, encontrei, em sua resenha crítica de *Ao vencedor as batatas*, o mesmo tipo de insatisfação com os rumos tomados na leitura do romance alencariano nesta obra:

> Mas será verdadeira e correta esta leitura? Não digo que não. Digo, apenas, que há em *Senhora* uma camada significativa importante que o crítico não considerou: o romanesco. Praticamente toda a crítica brasileira tem insistido neste ponto, que parece mesmo constituir uma chave para a compreensão adequada dos romances de Alencar. O fato de Roberto Schwarz ter abandonado esta perspectiva surpreende: mais de que uma simples diferença

com relação à fortuna crítica de Alencar, sua abordagem constitui verdadeira novidade. Apenas em uma nota ele considera o "contraste entre narrativa pré-capitalista e romance", mas mesmo aí creio que a questão do romanesco não está bem equacionada. No restante, o modelo do realismo burguês está absolutizado, o que rende muito, do ponto de vista teórico em que o livro foi escrito e também para a compreensão de Machado. Vantagem sem dúvida trazida pela inovação na leitura, mas que deixa um ponto aberto na teoria. (Lafetá, 2004, p. 110)

Lafetá recorre à fortuna crítica de Alencar, que, em geral, insistiria antes em seu aspecto romanesco do que realista-burguês. Trata-se, é claro, no caso de Schwarz, de uma estratégia crítica: a escolha do modelo de leitura rende muito, como diz Lafetá, para o objetivo último visado pelo crítico, a análise do romance machadiano. Mas, sendo o objeto ainda o romance de Alencar, temos um problema em mãos, pois o esquema de leitura não cobre completamente o objeto em questão. O termo usado por Lafetá, "romanesco", talvez não fosse o de minha escolha, mas o aceito na medida em que, além de todos os sentidos ligados ao gênero do romance, ele engloba os sentidos do maravilhoso, do fantástico, do fictício, do fabuloso, do melodramático, ou do termo de minha eleição, do romântico.

Concordo, pois, com Lafetá e repito que a leitura de Schwarz está correta, mas incompleta. O romance de José de Alencar é, por mais incrível que isso possa parecer para uma parte da crítica literária brasileira, bem mais complexo do que parece, mesmo depois de uma análise já de si tão complexa como a feita por Roberto Schwarz. Lafetá propõe que se leia *Senhora* a partir de seu "estilo metafórico", que permite a um leitor atento observar a oscilação da narrativa entre o "modo romanesco" e o "modo realista":

Mas que importância têm estes caprichos do estilo? É evidente que a linguagem metafórica, desconhecendo os limites da descrição realista, insiste em criar um mundo de sonho em que triunfam a beleza e a fortuna. [...] Se é mimese da sociedade fluminense, é também a projeção forte de uma subjetividade poética que não se reduz ao esforço imitativo, ou melhor, que não desloca os seus padrões subjacentes (para adequá-los às regras da verossimilhança) *ao menos do mesmo modo que a tendência realista*. (Lafetá, 2004, p. 111, grifos do autor)

Introduz-se, aqui, a figura todo-poderosa do autor romântico, que obviamente não se sujeita por completo a convenções de representação realista – existem outros padrões de representação, como diz o crítico, que são subjacentes a uma subjetividade com tendências a se projetar sobre o texto. Não é à toa que falamos de uma verdadeira eleição do gênero romance no Romantismo – ele passa a ser central nesse momento justamente por ser capaz de acolher em si a tirania da subjetividade autoral com todos os seus mandos e desmandos e conseguir, ainda assim, manter a verossimilhança que o distingue de forma tão clara do romance vanguardista do século XX, por exemplo. Diz ainda Lafetá (2004, p. 112-113), nesse sentido: "o estudo da forma, relacionado ao estudo do processo social, deve levar em consideração o problema do gênero, em sua história interna."

E o romance dos românticos? Segundo um de seus teóricos, Friedrich Schlegel (1994, p. 67), o seu gênero é tão aberto e inclusivo que ele só pode ser descrito por negativas, ou seja, por aquilo que ele não é. Pois, afinal de contas, "um romance é um livro romântico". A famosa tautologia visa exatamente abarcar, dentro de um gênero elástico, toda a produção que pudesse ser chamada de romântica. Cito uma passagem mais longa, mas que vale a pena ler para entender melhor essa mentalidade propensa a apagar quaisquer limitações de gêneros:

> Fora disso, entre o drama e o romance há tão pouco lugar para uma oposição que, pelo contrário, o drama tratado e tomado tão profunda e historicamente como o faz Shakespeare, por exemplo, é o verdadeiro fundamento do romance. É verdade, você afirmou que o romance seria aparentado, acima de tudo, com o gênero narrativo e até mesmo com o épico. Mas devo lembrar-lhe, primeiramente, que uma canção pode ser tão romântica quanto uma história. Pois, afinal, quase não posso conceber um romance que não seja uma mistura de narrativa, canção e outras formas. [...] se num romance não há, nem pode haver, lugar para isso, então nele o romântico reside apenas na individualidade da obra e não na característica do gênero – mas já se trata de uma exceção. Isto, entretanto, somente como preâmbulo. Minha verdadeira objeção é a seguinte: nada é mais oposto ao estilo épico do que as influências da própria disposição pessoal que se tornam, de algum modo, visíveis; para não falar do abandono ao próprio humor, do jogar com ele, como acontece nos melhores romances. (Schlegel, 1994, p. 67-68)

Entre as várias coisas que poderíamos discutir nessa passagem, devo centrar-me naquelas que interessam para um debate com o capítulo de Roberto Schwarz. Primeiro, atente-se para a insistência no apagamento de qualquer descrição do gênero romance via forma, via diferenciação de outros gêneros. Ele está próximo do drama, ele abriga em si a canção e a narrativa. Mas, e esse "mas" é muito importante para se discutir com a tradição realista, ele não é de forma alguma definido, determinado, pela narrativa. Pois assim ele estaria mesmo muito próximo do gênero clássico, do épico. Veja-se a leitura hegeliana do romance enquanto epopeia moderna: ela desconhece a visão romântica. Porque o segundo item que nos interessa de perto aqui é a presença massiva, no gênero do romance romântico, da "disposição pessoal" da subjetividade do autor, que joga livremente com o próprio humor. É por isso que o romance pode ser "mistura de narrativa, canção e outras formas": porque não se prende à divisão tradicional dos gêneros, antes, funciona como um gênero que se adapta a qualquer necessidade formal advinda da subjetividade reflexiva, ou autor, de acordo com a teoria romântica da criação poética. Ele representa o romântico na medida em que é gênero em devir, que só se cristaliza no ato da escrita; nas palavras de Schlegel (1994, p. 67): "detesto o romance, na medida em que ele se pretenda um gênero específico."

Tenhamos em mente essa teoria ao pensarmos no esquema um pouco duro de transposição de formas montado por Roberto Schwarz em *Ao vencedor as batatas*. Há um modelo de romance realista-burguês, forma vitoriosa na Europa do século XIX, que se transplanta para o Brasil e que se deve adaptar à nossa realidade diversa. Bem, os percalços dessa adaptação, seus acertos e fracassos, são a matéria ali tratada, ou seja, os romances em si. Entre eles, o romance *Senhora*, de José de Alencar, cuja característica maior seria sua inconsistência, que, longe de ser defeito de composição, é acerto do romancista, que, desse modo, conseguiu representar fielmente, por meio da forma e do conteúdo, a "vigência prejudicada, por assim dizer esvaziada, que tinham no Brasil as ideologias europeias, deslocadas pelo mecanismo de nossa estrutura social" (Schwarz, 2000, p. 69). Portanto, a primeira ênfase é no aspecto mimético da criação poética: representar. Em seguida, devemos notar o trabalho da reflexão, é claro, que se dá simultaneamente, na escolha por uma representação irregular de matéria insatisfatória. Nas palavras do crítico: "Esta a transição que nos interessa estudar, do reflexo involuntário à elaboração reflexiva, da incongruência para a verdade artística" (Schwarz, 2000, p. 70).

No entanto, estranhamente, já quase ao final de sua leitura do romance de Alencar, o crítico continua insistindo na inversão de valores de sua leitura ao valorizar em *Senhora* aquilo que em geral vê-se como "defeito de composição" – visto agora como "acerto da imitação". Sim, tudo bem, concordo; mas não seria aí o momento de aventar outras possibilidades de leitura de um romance que "excede" o seu tanto da leitura baseada em um modelo de romance realista? Escutemos ainda Roberto Schwarz (2000, p. 70):

> A dificuldade, no caso, é só aparente: em toda forma literária há um aspecto mimético, assim como a imitação contém sempre germes formais; o impasse na construção pode ser um acerto imitativo – como já vimos que é, neste caso – o que, sem redimi-lo lhe dá pertinência artística, enquanto matéria a ser formada, ou enquanto matéria de reflexão.

Insistindo nessa formulação, o crítico chegará, é inevitável, a uma visão bastante estreita do romance de Alencar: o romancista reconhece e é capaz de representar a contradição entre "forma europeia e a sociabilidade local" (Schwarz, 2000, p. 70), mas não problematiza formalmente essa mesma contradição – não reelabora artisticamente a sua matéria. Dessa forma, à sua revelia, Alencar seria ainda precursor da tradição de nosso Realismo, por meio da seguinte somatória: "falência formal e força mimética" (Schwarz, 2000, p. 72).

A elaboração em termos formais dessa contradição central se dará no romance da chamada segunda fase de Machado de Assis, nem é preciso dizer; afinal, todo o capítulo sobre Alencar é parte do trajeto que leva a este objetivo – assim como o será também a leitura do romance inicial do próprio Machado. Mas se suspendermos por um momento a leitura feita dentro deste esquema que surpreende o formal e o ideológico em seu embate com estruturas político-sociais diversas e propusermos uma visão do romance enquanto forma romântica por excelência, ou gênero misto, híbrido, ilimitado, causaremos à leitura de Roberto Schwarz uma série de impasses. A irregularidade do texto alencariano, se parto do pressuposto de que não advém de imperícia do autor, liga-se, a meu ver, a uma série de fatores típicos do romance romântico. Veículo de suas contradições, no romance a disposição do autor se permite os maiores desequilíbrios, as mais explícitas variações de humor. Está claro que isso não se dá de forma "autobiográfica", em falta de termo melhor; é no jogo da forma híbrida e inexata que a subjetividade romântica inscreve sua assinatura inconfundível: a marca da ironia. Note-se que Roberto Schwarz não admite, e mesmo nega, a presença da ironia na obra de José de Alencar. Se é o caso de dizer que *Senhora* não é o melhor exemplo para o que eu gostaria de demonstrar, leve-se em consideração que é o mais bem acabado exemplar de um romance quase realista à maneira de Alencar – ponto para Roberto Schwarz.

No entanto, me parece que ironia romântica é dado imprescindível no romance romântico: este não existe sem aquela. Ela é exatamente aquilo que Lafetá chamava de "projeção forte de uma subjetividade poética", marcando o texto seja em seu tecido metafórico, seja em sua estrutura formal. As irregularidades de personagens e trama centrais, caracterizados pelo tom elevado da narrativa que contrastam com cenas laterais rasteiras e personagens chãs, são em si escolhas mais do que acertadas do autor que registra de forma crítica, seja qual for a leitura que se lhe faça. Os desacertos entre caracterização e ação dos personagens não necessitam de justificativas ante a forma do romance bem feito – criam incômodo e chamam o leitor para dentro do romance. A forma nem sempre bem realizada, os finais postiços, as cenas exageradas e absurdas, enfim, e faço apenas uma caracterização de sobrevoo, já que não me propus aqui a ler de perto o romance de Alencar: são todas marcas irônicas no sentido romântico da palavra, que exprimem presença autoral, em mais de um grau. Essa não é, além do mais, marca típica apenas de Alencar, mas do romancista romântico – e deixo falar, num respiro, Antonio Candido (1993, p. 98):

> As contradições profundas do Romantismo encontraram neste gênero o veículo ideal. A emoção fácil e o refinamento perverso; a pressa das visões e o amor ao detalhe; os vínculos misteriosos, a simplificação dos caracteres, a incontinência verbal – tudo nele se fundiu, originando uma catadupa de obras do mais variado tipo, que vão do péssimo ao genial. É característico do tempo que esta escala qualitativa se encontra frequentemente no mesmo autor, como Victor Hugo, Balzac, Dickens, Herculano, Alencar – os escritores mais irregulares que se pode imaginar numa certa ordem de valor.[3]

Faço ao final uma pequena pausa, antes de acabar, para notar que não cheguei talvez nunca a definir por completo uma questão central dentro do texto de Schwarz; estou ciente disso. Creio que a única desculpa que posso apresentar, a essa altura, é a indefinição da matéria em si. Na verdade, eu apenas converso, com Schwarz, com vocês leitores e comigo mesma. Porque não creio que seja o caso, no espaço de que dispomos,

---

3. Sobre um projeto de "romance romântico" em José de Alencar, leia-se Boechat (2003).

de resumir a leitura de *Senhora*, nem a leitura dos romances iniciais de Machado. Aproveitei algumas sugestões esparsas, e o lugar privilegiado, para sugerir outras tantas possibilidades de reler em termos críticos o hoje em dia tão pouco amado romance romântico brasileiro.

E assim eu termino. Pesa sobre o nosso romance romântico a acusação de pouca maturidade, escassa complexidade e rala seriedade... Daí não ser tão comum, mais recentemente, vermos estudos de fôlego que se debrucem sobre a produção romântica de Alencar, Macedo, Taunay, Bernardo Guimarães... É óbvio que a figura de Machado, fechando o romance do século XIX, lança sua sombra sobre todos esses prosadores – o que não justifica o esquecimento da crítica, que se faz, ou ao menos deveria se fazer, à revelia dos juízos de valor mais corriqueiros. Isso só reafirma minha admiração pelo estudo de Roberto Schwarz sobre o romance de Alencar. Invertendo, porém, a sua lógica irrepreensível, que lhe mostrou que para chegar à prosa do romance de Machado ele teria sem dúvida que passar por Alencar, eu lhe diria que sim, mas que, também, para chegar a efetivamente ler José de Alencar, Schwarz precisou antes aprender com Machado o que aquele outro romancista, tão voluntarioso, lhe ensinara.

Referências

ALENCAR, José de. *"Senhora"*. In: *Obra completa* (v. I). Rio de Janeiro: Aguilar, 1959.

BOECHAT, Maria Cecília. *Paraísos artificiais*: o romantismo de José de Alencar e sua recepção crítica. Belo Horizonte: Ed. UFMG; Pós-Lit, 2003.

CANDIDO, Antonio. *Formação da literatura brasileira* (vol. II). Belo Horizonte/Rio de Janeiro: Itatiaia, 1993.

CURVELLO, Mario. Roberto Schwarz: *Ao vencedor as batatas* (bibliografia comentada). In: BOSI, Alfredo et al. (org.) *Machado de Assis*. São Paulo: Ática, 1982.

LAFETÁ, João Luiz. "Batatas e desejos". In: *A dimensão da noite*. São Paulo: Duas Cidades; Ed. 34, 2004.

LUKÁCS, Georg. *A teoria do romance*. Trad. José Marcos Mariani de Macedo. São Paulo: Duas Cidades; Ed. 34, 2000.

SCHLEGEL, Friedrich. *Conversa sobre a poesia e outros fragmentos*. Trad. Victor-Pierre Stirnimann. São Paulo: Iluminuras, 1994.

SCHWARZ, Roberto. *Ao vencedor as batatas*. São Paulo: Duas Cidades; Ed. 34, 2000.

_____. *Que horas são?* São Paulo: Cia. das Letras, 2006.

_____. *Martinha* versus *Lucrécia*. São Paulo: Cia. das Letras, 2012.

SZONDI, Peter. "Friedrich Schlegel's theory of poetical genres: a reconstruction from the posthumous fragments". In: *On textual understanding and other essays*. Minneapolis: University of Minnesota Press, 1986.

WATT, Ian. *A ascensão do romance*. Trad. Hildegard Feist. São Paulo: Cia. das Letras, 1990.

Um romance para José de Alencar

> "(...) *onde tudo fosse novo, desde o pensamento até a forma, desde a imagem até o verso.*"
>
> José de Alencar

Em polêmica famosa no nosso século XIX, Franklin Távora escreve suas *Cartas a Cincinato* criticando de forma impiedosa o romance de José de Alencar. As cartas-artigos foram publicadas entre 14 de setembro de 1871 e 22 de fevereiro de 1872, no periódico *Questões do dia*, e eram endereçadas ao seu editor José Feliciano de Castilho (Távora, 2011). Na leitura proposta por Távora dos romances *O gaúcho* e *Iracema*, misturam-se ataques pessoais, implicâncias de escola, mas, principalmente, o que nos interessa aqui, aparece com clareza uma mudança de gosto, ou de maneira de fazer romance, para dizer em termos muito didáticos, que obviamente não considera mais, naquela altura de 1871, o romance alencariano como modelo preferencial para a literatura brasileira. Vejamos um pequeno trecho:

> É o chefe da literatura brasileira, um *gênio* talvez, porque cria a torto e a direito, seja o que for, não importa o que; cria visões; cria disformidades; cria uma linguagem nova; cria vocábulos já criados, velhos, encanecidos! (Távora, 2011, p. 134)

Há uma evidente condenação de qualquer originalidade, o que se ramifica, é claro, em ironias à pretensa "genialidade" do "criador"; tenhamos em mente os termos utilizados. Criar, à revelia da natureza, da realidade, passar além da representação em sua acepção mais corriqueira, não seria procedimento aconselhável em um momento que começa a se voltar para as demandas realistas que vão marcar o romance brasileiro nos últimos anos do século XIX. Franklin Távora dá voz a uma mudança de padrão literário, ou até mais do que isso, dá voz a toda uma reorientação da noção de verossimilhança romanesca, que devia agora contas à realidade externa, a dados ditos científicos e/ou experimentos histórico-sociais que norteassem uma determinada visão de indivíduo ou de grupo que funcionasse de acordo com leis eminentemente extraliterárias. O romance de José de Alencar, ao contrário, deve, antes de tudo, resposta aos princípios da imaginação literária, e sua verossimilhança é baseada em fatores internos, como podemos averiguar, aliás, na obra de qualquer romancista da tradição amorosa/aventuresca/histórica, na qual ele se insere com louvor (tenho em mente escritores como Walter Scott, Alexandre Dumas, Victor Hugo e, não se estranhe a inclusão, Honoré de Balzac, entre tantos outros que poderíamos citar).

Ainda em relação ao trecho citado de Távora, eu notaria o tom decididamente negativo com que o crítico encara as criações de Alencar e as tacha mesmo de "disformidades", apontando ainda a linguagem nova que comparece em diversas produções do romancista. Como a carta citada refere-se a *Iracema*, tal comentário não chega a estranhar: o romance é verdadeiro manifesto pela criação de um universo indianista – apenas aparentemente comprometido com questões históricas e reivindicações de fidedignidade – que surge quase que inteiro da enorme capacidade criadora de Alencar, que imaginou uma língua e um modo próprio para representar um mundo que ele via como prestes a perder sua marca edênica, sua primeiridade traduzida em símiles que se multiplicam pelo texto, em espelhamentos de uma natureza que absolutamente não existe para além do texto, para além da palavra que é aqui fundadora, inicial.[1] É evidente que um tal romance não vai satisfazer qualquer exigência de realismo *tout court*, apesar do evidente, inegável compromisso com uma representação reconhecível de natureza brasileira, ou, se for o caso, de sociedade fluminense ou interior provinciano, como parte de um projeto de brasilidade que se impunha. É evidente também que essa disformidade configura-se enquanto um gênero alencariano contra o qual Franklin Távora se coloca de maneira veemente. Gênero que fora construído pelo autor cearense ao longo de sua obra, montado e explicitado em cartas, prefácios, textos e paratextos que, em contraponto com sua obra romanesca, deixam ler o delinear de uma teoria, ou, ao menos, de um projeto de romance – romance romântico de notação realista, romance brasileiro engajado em demanda política da nação que se formava.

A resposta de José de Alencar aos reparos de Franklin Távora não se deu no calor da hora, via imprensa, pois o romancista se encontrava assoberbado por sua vida política naquele momento. Uma resposta mais abrangente vai aparecer no conhecido prefácio a *Sonhos d'ouro*, a "Benção paterna", de 1872 (Alencar, 1964). Eu não pretendo, neste momento,

---

1. Sobre tal romance, já dizia em 1866 Machado de Assis (1955, p. 75): "(...) a verdade é que relemos atentamente o livro do Sr. José de Alencar, e o efeito que ele nos causa é exatamente o mesmo a que o autor entende que se deve destinar ao poeta americano; tudo ali nos parece primitivo; a ingenuidade dos sentimentos, o pitoresco da linguagem, tudo, até a parte narrativa do livro, que nem parece obra de um poeta moderno, mas uma história de bardo indígena (...). A conclusão a tirar daqui é que o autor houve-se nisto com uma ciência e uma consciência, para os quais todos os nossos louvores são poucos."

revisitar todo o prefácio, que é, como já disse, bastante conhecido e citado, por sua preocupação com os aspectos históricos e gramaticais do romance nacional, bem como por sua consciência das limitações de um romance feito no Brasil àquela altura. Importa, para a discussão que proponho, apenas averiguar que Alencar responde principalmente aos ataques que são feitos ao gênero que elaborou: o texto abre-se com a menção à forma do romance e defende a sua contribuição inestimável à formação de um *corpus* de escritos brasileiros, fonte de conhecimentos sobre a realidade do país e organizador da própria história nacional.

Essa percepção de que o gênero do romance é peça-chave para a formação de um pensamento sobre o Brasil, além de constituir a própria matéria da cultura letrada brasileira que se fazia pouco a pouco ao longo do século XIX, me parece estar no centro do pensamento de José de Alencar sobre o romance desde suas reflexões sobre a inefetividade da épica para a literatura brasileira nas *Cartas sobre "A confederação dos Tamoios"* de 1856. Claro está que o texto das *Cartas* não examina o gênero do romance, e sim o poema épico indianista de Gonçalves de Magalhães; mas, entre os defeitos apontados no poema por José de Alencar, o romance, enquanto gênero moderno por excelência, permanece como melhor opção de forma para o assunto ali tratado. Em seu estudo sobre a relação de Alencar com a retórica oitocentista, Eduardo Vieira Martins (2005, p. 162) já apontara para a questão:

> Nas *Cartas sobre 'A confederação dos tamoios'*, o romance é diretamente mencionado apenas de passagem, mas pode ser percebido como uma espécie de fundo, cujos traços se depreendem do contorno da figura cuidadosamente delineada em primeiro plano. De todo modo, a rigorosa reflexão sobre a

epopeia ali desenvolvida só pode ser tomada como fonte das ideias do autor sobre o romance à medida que se aceite que o novo gênero parecia a Alencar o mais apto a atingir finalidades anteriormente atribuídas ao poema épico – notadamente a exaltação do passado nacional – e se transfiram para ele as conclusões sobre a forma que personagens, cenário e ação deveriam assumir para alcançar aquele objetivo.

É nítida, na passagem do crítico, a importância que o gênero do romance assume para Alencar enquanto forma de nacionalidade literária – exclua-se daí qualquer sentido ufanista, por favor. Trata-se, antes, de uma concretização da literatura brasileira enquanto expressão histórica, em um projeto romântico bastante idealista de colocar a literatura no lugar da história.

Em algumas passagens das *Cartas sobre "A confederação dos Tamoios"*, podemos sentir o tateio de Alencar na busca por um outro gênero que seja capaz de operar tal passagem ou corporificação. A mais exemplar está no fim da "Carta segunda":

> Escreveríamos um poema, mas não um poema épico; um verdadeiro poema nacional, onde tudo fosse novo, desde o pensamento até a forma, desde a imagem até o verso.
>
> A forma com que Homero cantou os gregos não serve para cantar os índios; o verso que disse as desgraças de Tróia e os combates mitológicos não pode exprimir as tristes endechas do Guanabara, e as tradições selvagens da América.
>
> Porventura não haverá no caos incriado do pensamento humano uma nova forma de poesia, um novo metro de verso? (*in* Magalhães, 2007, p. XXVIII)

Conhecemos a tradição de leitura que faz de *O guarani*, ou, melhor ainda, de *Iracema*, a concretização de tais anseios alencarianos por uma forma nova; se o romance de Peri foi publicado logo no ano seguinte à polêmica com Magalhães, o que faz das cartas quase que um prefácio ao romance, é no posfácio a *Iracema*, a "Carta" ao Dr. Jaguaribe, de 1865, que temos uma continuação clara das discussões sobre o gênero do romance, e romance moderno, isto é, romântico, ao pé da letra: forma inclusiva, inclassificável, onde tudo é novo, para usar a expressão do autor. Depois de narrar ao amigo a quem escreve que, desde a polêmica de 1856, ele acalentara a ideia de um poema indianista, que inclusive começara e abandonara, talvez por lhe faltar o estro de verdadeiro poeta, Alencar (1979, p. 82-83) discorre sobre a escrita de *Iracema*:

> Em um desses volveres do espírito à obra começada, lembrou-me de fazer uma experiência em prosa. O verso pela sua dignidade e nobreza não comporta certa flexibilidade de expressão que entretanto não vai mal à prosa a mais elevada. A elasticidade da frase permitiria então que se empregassem com mais clareza as imagens indígenas, de modo a não passarem desapercebidas. Por outro lado conhecer-se-ia o efeito que havia de ter o verso pelo efeito que tivesse a prosa.
> [...]
> Este livro é pois um ensaio ou antes mostra. Verá realizadas nele minhas ideias a respeito da literatura nacional; e achará aí poesia inteiramente brasileira, haurida na língua dos selvagens.

Os termos usados pelo romancista são bastante interessantes: experiência em prosa, ensaio, mostra. Estamos em plenas águas da experimentação de gênero, e a forma que abriga as tentativas só pode ser o romance, *Iracema* (mas notemos que é no mínimo difícil usar um rótulo em relação ao livro). Para além do gênero literário: eis um desafio para a literatura brasileira.² Obviamente, qualquer demanda de realismo em termos de um compromisso com aspectos extratextuais deve passar para segundo plano; o romance-poema de Alencar estabelece seu compromisso com uma realidade absolutamente literária, a sua forma inaugural, o UR-EPOS de nossa literatura, no dizer de Haroldo de Campos (2006, p. 138). Retomando a polêmica entre Franklin Távora e Alencar, que se dará daí a alguns anos, é bem fácil entender o desapreço de Távora por *Iracema*: um "realismo" fundado em símiles altamente líricos, vazados em linguagem criada pela necessidade expressional daquela obra específica, que conjuga a busca pelo "pensamento selvagem" e a reivindicação de uma forma nova, não poderia agradar a um anunciador das mudanças do gosto literário no último quartel de nosso século XIX. Dessa forma, o retorno a um romance de cunho mais puramente documental e realista não é um retrocesso no sentido de sua notação verista, determinista e comprometida com uma realidade para além do texto literário. A principal questão enfrentada pelas inovações românticas é a volta a estruturas mais duras de romance, com raras exceções, na tradicional adequação entre linguagem e níveis de representação da realidade. Nesse sentido, o Realismo/Naturalismo brasileiro estabelece um daqueles momentos de recuo que se

---

2. Devo notar aqui que considero a experimentação com o gênero literário, ao contrário do que dizem a história e a crítica literárias entre nós, bastante presente no Romantismo brasileiro. Já Gonçalves Dias fazia incursões em gêneros híbridos, como em sua "Meditação", e fechamos nosso Romantismo com o experimento épico de Sousândrade, *O Guesa*. Mas o melhor exemplo está na produção de Álvares de Azevedo, que tentou sistematicamente revisitar os gêneros disponíveis em combinações e tentativas de inovação. Sobre este tema especificamente, veja-se o nosso estudo, cf. Werkema (2012).

preveem no percurso de qualquer desenvolvimento; nesse caso, da forma romance na literatura brasileira.

O aspecto mais interessante de se acompanhar o surgimento de um projeto de romance em José de Alencar está no fato de que o gênero tem, para o autor cearense, muito de novidade, o que faz de suas experimentações tentativas realmente inaugurais na cena brasileira. É claro que não estou descartando a contribuição de Joaquim Manuel de Macedo, Manuel Antônio de Almeida ou mesmo Teixeira e Sousa. Mas a estatura de um projeto de romance nacional só é alcançada com Alencar, que deve muito a seus antecessores (assim como Machado de Assis será grande devedor de José de Alencar). Neste projeto abre-se o leque para o romance indianista, para o romance regionalista e/ou de província, para o romance histórico, para o romance de costumes da então cidade brasileira por excelência, o Rio de Janeiro. Em cada um desses temas, ou subgêneros, Alencar ousou em termos de fantasia criativa (veja-se que o outro romance criticado por Távora é *O gaúcho*, acusado de ser romance regionalista feito por escritor de gabinete, que nunca teria posto os pés no pampa ali descrito). Há questões historiográficas difíceis nesse imbróglio, inclusive as pertinentes a um Romantismo tardio como o nosso – e vejo no deslocamento temporal desse movimento tardio não um sentido valorativo, e pejorativo, e sim uma variante possível dentro do multifacetado movimento romântico.

O que me leva a lembrar esse aspecto de novidade que o romance assume para Alencar, e faz de seu projeto de romance nacional verdadeiro marco de fundação, portanto, entre nós, é a própria relação do autor com os gêneros literários, marcada por sua formação retórica clássica, e seu constante apelo aos tratados de retórica para caracterizar o gênero, como fica claro no seu exame do poema *A confederação dos Tamoios*.³ Só que o romance não é forma prevista ou estudada em tratados clássicos, e Alencar teve que se virar para uma compreensão do gênero por meio de outras fontes. A primeira e mais importante se deu com a leitura de romances, é claro, como está dito em "Como e porque sou romancista", sua pequena autobiografia literária póstuma (escrita em 1873, publicada somente em 1893); a continuada leitura em voz alta de romances sentimentais para as mulheres da família teria sido decisiva para a formação do escritor:

> Foi essa leitura contínua e repetida de novelas e romances que primeiro imprimiu em meu espírito a tendência para essa forma literária que é entre todas a de minha predileção?
>
> [...]
>
> Esta mesma escassez, e a necessidade de reler uma e muitas vezes o mesmo romance, quiçá contribuiu para mais gravar em meu espírito os moldes dessa estrutura literária, que mais tarde deviam servir aos informes esboços do novel escritor. (Alencar, 2005, p. 29-30)

Outra curiosidade na biografia do leitor de romances aparece na sua condição de leitor adolescente de Balzac, leitura feita com dificuldade e empenho:

> Tendo meu companheiro concluído a leitura de Balzac, a instâncias minhas, passou-me o volume, mas constrangido pela oposição de meu parente que receava dessa diversão.

---

3. Esta questão é tema do estudo já citado de Eduardo Vieira Martins, *A fonte subterrânea*: José de Alencar e a retórica oitocentista. Martins aponta nos textos críticos de Alencar a recorrência a regras e princípios retirados de tratados tradicionais de retórica para compreender e analisar as formas épicas, líricas, dramáticas.

Encerrei-me com o livro e preparei-me para a luta. Escolhido o mais breve dos romances, armei-me do dicionário e, tropeçando a cada instante, buscando significados de palavra em palavra, tornando atrás para reatar o fio da oração, arquei sem esmorecer com a ímproba tarefa. Gastei oito dias com a *Grenadière*; porém um mês depois acabei o volume de Balzac; e no resto do ano li o que então havia de Alexandre Dumas e Alfredo Vigny, além de muito de Chateaubriand e Victor Hugo. (Alencar, 2005, p. 40)

A absorção de um modelo de romance via leitura se dá, portanto, de forma precoce e sem uma ordem propriamente lógica, como costuma esperar a história da literatura: Balzac precede a Dumas e Chateaubriand, que precedem a Scott e Fenimore Cooper (Alencar dirá logo depois). O mais importante aqui, no entanto, é a consciência da "estrutura literária" do romance, base sobre a qual Alencar poderá experimentar, autorizado pela variedade que encontrou em seus modelos mais imediatos. Retornando à questão da ausência de uma preceptística sobre o romance,[4] diz ainda Eduardo Vieira Martins (2005, p. 197):

> A particularidade da reflexão alencariana sobre o romance decorre não apenas de ele ser um gênero não previsto pela

---

4. A questão remete à teorização de M. Bakhtin (2010, p. 398) acerca do romance, na qual o teórico russo deve muito ao pensamento primeiro-romântico alemão: "Daí vem a extraordinária dificuldade para uma teoria do romance. Com efeito, esta teoria deveria ter, em princípio, um objeto de estudo totalmente diferente da teoria dos outros gêneros. O romance não é simplesmente mais um gênero ao lado dos outros. Trata-se do único gênero que ainda está evoluindo no meio de gêneros já há muito formados e parcialmente mortos. (...) Ele se acomoda mal com os outros gêneros. Ele luta por sua supremacia na literatura, e lá, onde ele domina, os outros gêneros velhos se desagregam."

retórica e difícil de ser definido segundo suas características internas, mas principalmente, do fato de ter sido elaborada para rebater os ataques feitos pela crítica, assumindo, assim, um caráter polêmico. A ausência na retórica oitocentista de uma análise mais abrangente e desenvolvida do romance contemporâneo levou os próprios ficcionistas a redigir prefácios, posfácios e notas que visavam a apresentar e explicar o novo gênero ao público leitor, conferindo um aspecto marcadamente didático a esses textos.

Não me parece que tal didatismo seja um problema em tempos de verdadeira invenção de um romance para a literatura brasileira; falta ao trecho do crítico, no entanto, a meu ver, citar um aspecto bastante evidente da teorização sobre o romance, pelo menos no caso de José de Alencar. Esse aspecto está nos romances em si, é claro, que trazem internalizados uma teoria do romance bastante manifesta. E não poderia ser diferente, já que o próprio autor nos conta que aprendeu, pelos olhos e ouvidos, o que era uma estrutura literária. Seria o caso de perceber, em vários de seus livros, como a invenção, a experimentação e mesmo a estabilização de um modelo romanesco contribui para o projeto alencariano de um painel histórico e literário do Brasil por meio de seu principal instrumento: o romance.

O reaproveitamento que Alencar faz de seus modelos é assunto para muito tempo e muitas páginas, e não é o caso aqui: o que eu tentei, de forma um pouco desordenada, foi apenas apontar alguns lugares em que o romancista fala da maneira como gostaria de fazer romances, ou mesmo da maneira como chegou a fazê-los. Estou ciente de que muitas das sugestões que faço aqui podem desaguar em novas "polêmicas alencarianas", e considero isso apenas justo para com um autor que se bateu durante toda a vida por suas posições literárias (e, infelizmente, por posições políticas que ferem nossa suscetibilidade humanista). Quero, no entanto, apenas notar que o estudo de um projeto literário em José de Alencar, por mais óbvio que pareça, não é sempre levado a sério por colegas que compreendem o século XIX brasileiro como um naufrágio do qual se salvou Machado de Assis, gênio da raça. Mesmo leituras sérias e admiráveis do romance alencariano, como a de Roberto Schwarz (2000, p. 39), por exemplo, incorrem na necessidade de pedir desculpas pelo "quê descalibrado e, bem pesada a palavra, de bobagem" que se encontraria na obra do autor cearense. A descalibragem poderia ser atribuída sem receios a uma sensibilidade romântica, que não comparece nem em uma tentativa de recuperação na leitura de Schwarz. Enfim. A preocupação com a forma romance enquanto índice de modernidade entre nós deve buscar em seus fundadores os indícios para que entendamos minimamente a história do romance brasileiro. São frases óbvias, estou ciente disso; mas nem por isso aplicadas em nossa prática de leitores, professores, pesquisadores. Que o exemplo de Alencar, capaz de teoria e prática, nos seja ainda uma vez inspiração para nossa avaliação de sua obra.

Referências

ALENCAR, José de. "Benção paterna". In: *Ficção completa* (vol. II). Rio de Janeiro: Aguilar, 1964.

_____. *Iracema*. Edição crítica de M. Cavalcanti Proença. Rio de Janeiro: Livros Técnicos e Científicos; São Paulo: Edusp, 1979.

_____. *Como e porque sou romancista*. Campinas, SP: Pontes, 2005.

ASSIS, Machado de. "*Iracema*, por José de Alencar". In: *Crítica literária*. Rio de Janeiro, São Paulo, Porto Alegre: W. M. Jackson Inc., 1955.

BAKHTIN, Mikhail. "Epos e romance". In: *Questões de literatura e de estética. A teoria do romance*. São Paulo: Hucitec, 2010.

CAMPOS, Haroldo de. "*Iracema*: uma arqueografia de vanguarda". In: *Metalinguagem & outras metas*. São Paulo: Perspectiva, 2006.

CORDEIRO, Rogério; WERKEMA, Andréa S.; SOARES, Claudia C. et AMARAL, Sérgio A. P. do (org.). *A crítica literária brasileira em perspectiva*. Cotia, SP: Ateliê Editorial, 2013.

MAGALHÃES, Domingos José Gonçalves de. *A confederação dos Tamoios*. Edição fac-similar seguida polêmica sobre o poema. Org. Maria Eunice Moreira e Luís Bueno. Curitiba: Ed. UFPR, 2007.

MARTINS, Eduardo Vieira. *A fonte subterrânea*: José de Alencar e a retórica oitocentista. Londrina: Eduel, 2005.

SCHWARZ, Roberto. *Ao vencedor as batatas*. São Paulo: Duas Cidades; Ed. 34, 2000.

TÁVORA, Franklin. *Cartas a Cincinato*: estudos críticos por Semprônio. Org. Eduardo Vieira Martins. Campinas: Ed. da Unicamp, 2011.

WERKEMA, Andréa Sirihal. *Macário, ou do drama romântico em Álvares de Azevedo*. Belo Horizonte: Editora UFMG, 2012.

Sobre a autora

Andréa Sirihal Werkema é professora de Literatura Brasileira da Universidade do Estado do Rio de Janeiro (UERJ), onde dá aulas na graduação e na pós-graduação, com pesquisa, em geral, sobre temas relativos à literatura do século XIX. Doutora em Literatura Brasileira pela UFMG, onde também se graduou. Publicou, entre outros, *Macário, ou do drama romântico em Álvares de Azevedo* (Ed. UFMG, 2012); *A crítica literária brasileira em perspectiva* (Ateliê, 2013); *Figurações do real* (Relicário, 2017); *Outras formas de escrita* (2018, Eduerj).

1ª EDIÇÃO [2019]

Esta obra foi composta em Chronicle Text e Sentinel
sobre papel Pólen Soft 80 g/m² para a Relicário Edições.